精準解答

劉傑輝——著

突破搜尋盲點，解決90%人生難題的思維能力

目錄
CONTENTS

Chapter 6

系統思考：建立高框架人生，在限制中發現更多可能性

Chapter 7

用搜尋力搞定生活中那些令人頭痛的事

推薦序
FOREWORD

人人都該具備的深層思考力

林長揚

你都怎麼經營人脈？

我有很多朋友熱衷於參加聚會，既使再累也都會出席。這讓內向者的我很敬佩，也很困惑。當我問他們為什麼要這樣時，他們總是說：「這就是經營人脈的祕訣啊！」但真的是這樣嗎？

要談經營人脈之前，我們應該先定義人脈到底是什麼。直白的來說，人脈就是「在有需求的時候能幫忙的人」，而且不是單方面給予，是互相幫忙。所以在這個前提下，經營人脈不該是拚命露臉參加聚會，而是要讓自己幫得上別人的忙，而且要讓別人知道你可以幫忙。

在了解人脈的本質後，我們就可以制定對應的計畫，例如：

1. 找出自己擅長的事情，並探究背後的核心能力是什麼。
2. 不斷磨練核心能力，並做出成果。
3. 在各種平台展現成果，經營自己的「標籤」。

實踐以上步驟，就能讓別人有需求時會想到你，而透過一次次的幫忙與交流，你的人脈就會越來越強大。

因此參加聚會不是不好，前提是你要先有能力與成果，並在聚會上適時分享你能幫上什麼忙，這才能讓每次社交聚會有所收穫。

以上探討事物本質的過程，就是深層思考。想得夠深，才能得到精準的解答。在面對職場或人生的各種問題、任務、需求時，我們可以先多想一點、想深一點，把背後的邏輯與原因梳理清楚，才不會浪費時間跟精力做錯事。

該怎麼練習深層思考，這本書中有許多案例與做法，歡迎細細品味。祝福閱讀此書的你，都能持續精進深層思考能力，不斷探究事物的本質，在對的方向做對的努力，獲得更多更好的成果。

（本文作者為企業課程培訓師）

推薦序
FOREWORD

發現答案的藏寶圖

張忘形

因為自己從事教育工作，每天都會被問到很多問題。例如有人可能會問，遇到一個不溝通的人，我們要怎麼辦？

以前我都會很認真的跟他說我的看法，說明為什麼這個看法有效，並且請他去嘗試。但我常常發現，對方都沒有帶著豁然開朗的表情，而是常常看起來眉頭深鎖。

後來我就發現，其實我的答案，不一定是他的答案。而他的問題，可能也不見得是我所想的問題。因為在一個簡單的問題背後，會因為我們彼此的經驗不同，價值觀不同，面對問題的想法不同，最終我們的選擇也會不同。

所以如果你是為了找一個標準答案而翻開這本書，你可能會非常失望，因為他給你的不是解答，而是如何找到解答的思路。

舉例來說，回到剛剛一開始我被問到的問題，也許那不是真的問題，而是一個假議題。提問的人從一開始認定了對方就是難溝通的人，所以不能溝通。但會不會這還有其他的可能性呢？

舉例來說，是不是因為彼此的用詞誤會了？又或是有些事情，例如：政治，很難用溝通來解決？還是兩個人陷入了非A即B選擇？或是難溝通的其實是自己呢？

因此這時候我們要給出的就不是直接的簡單答案，而是抽絲剝繭的釐清問題，當看見這個問題中的議題是什麼，也許答案其實就是最開始的錯誤歸因，當我們把所有的問題都怪罪對方時，我們自然就很難開展溝通。

當然，我舉的例子不是每個人需要的解答，但卻解決了我在實務經驗中常常遇到的問題。而所有問題，都只是我們在情境中，如何做出選擇與行動的決策方式。

推薦這本書給你，你不會在這裡找到裝著正確答案的寶藏，但肯定能找到發現答案的藏寶圖。

（本文作者為溝通表達培訓師）

推薦序
FOREWORD

改變思維才可能精準解答

趙胤丞

擔任培訓師這些年，我總是在各大企業一場場穿梭授課，大部分時間都是遇到非常認真的學員夥伴們，彼此都覺得是很棒的交流。只是偶爾會遇到一種學員，他會覺得目前教的內容太簡單了，他要非常複雜、博大精深的理論跟計算，才能夠覺得自己有種學習滿足感與優越感。只是人生真的是如此嗎？好像不然。

就我所認識很多各領域頂尖專家，反而是把很基礎的事物做到非常極致，能用簡單方法做好高深的學問，更表示您對於該領域有通透的理解，正所謂大道至簡，我覺得這本書《精準解答》做了很好詮釋，就像書裡面提到：「聰明的人不是知識淵博的人，而是知道用簡單、快捷、有效的方法找到答案的人。」

現在很多知識已經無需背誦，只需要搜尋就能找到答案，如果搜尋就找到答案，做這麼多學習何用呢？當然是有用的，因為希望擁有解決問題的能力，你需要更清晰了解為何而戰的本質想法、找到根本問題才能對症下藥、要能夠以效益做出成品結果導向，而不是把「手段變成目標」瞎忙，如此將使您非常有效率產生成果並脫穎而出。

過往我學習到的是，所做行為通常不會超過認知範圍。如果不先改變思維，行為多麼努力效果都有限，所謂「戰略的怠惰彌補不了戰術的勤奮」。後疫情時代的工作方案轉變，現代職場工作者也應有所轉換，不是抱持定型心態，而是轉換為成長心態，跟《精準解答》書中提到的高框架人生有異曲同工之妙。畢竟，每個人的人生都是獨一無二的，我們能做的就是過好自己精彩人生。

（本文作者為知名企管講師）

序言
PREFACE

決定你上限的不是格局，是搜尋力

要想讓一個人活成一支隊伍，就要懂得高效連接需求和資源。

有一位朋友，最近讀了很多成功學的書，但是他越讀越困惑，覺得自己不僅沒有進步，還越來越絕望。他陷入了成功和資源的悖論之中：「想要成功，就要有格局、眼界和資源；但不成功的人，很難擁有格局和眼界，也很難獲得資源。想實現人生的從〇到一，真的太難了。」

他透過職業諮商師聯絡我，他說：「很多人的格局大，眼界高，那是因為得到的資源本來就比人家多。」還舉了個例子，「假設你是老闆，全公司的資料都彙整到這裡，站得高，當然比員工看得遠。假設我出身於金融世家，平時來往的都是銀行家、精算師，對數字當然會有更準確的感覺。我不成功，不就是因為沒有這樣的格局和資源嗎？」

我想對他說，事情不是你想的那樣。大學的時候，我曾經參加過一次講座，授課老師有一句話，讓我印象特別深刻，以至於到現在都記憶猶新，因為我越來越能體會到這句話的價值。

這句話是這麼說的：「聰明的人不是知識淵博的人，而是知道用簡單、快速、有效的方法找到答案的人。」後來，隨著閱歷逐漸豐富，我漸漸發現，平時那些善於利用搜尋力的人，總是能夠迅速提高自己的眼界，發現別人的需求，連接不同的資源，從而順利解決工作中、生活中、人生中遇到的大部分問題。

就以出版這行來說，有很多人會覺得，想要做個好的企畫，一定要有作者人脈，否則就沒辦法工作。不過，我倒覺得，人脈沒有大家想得那麼重要。我剛入出版這一行的時候，什麼人脈都沒有。一開始做靈異小說，後來做軍事小說，再後來又做商管書。

每進入一個新領域，所有人脈都要歸零一次。但當我沉下心來，專心製作產品、耐心經營品牌，把財經勵志相關的整個產品線不斷做出影響力之後，我談成了與包括李開復、陳志武等老師在內的知名作家的合作，人脈不僅主動找上來，也越滾越多。

再厲害的大人物，也會有他想要的東西；再多的商業模式，也會留下滿足不了的欲望空間。當你用更高一層的認知能力，發現自己的需求、身邊朋友的需求、老闆的需求、市場的需求的時候，就可以突破所謂的上限，到達以前未曾企及的高度。

聽到這裡，有些朋友或許會說，發現需求有什麼用呢？我沒有能力去滿足這些需求啊。對此我想說，你沒必要親自去滿足這些需求。

前兩年流行一個說法，「羊毛出在狗身上，豬來埋單」，意思是商家沒必要親自生產商品，而是發現需求之後，把生產外包；而最後為這些產品付款的，也不是定制商品的商家，而是有相應需求的客戶。

這種模式的運用有一個經典的案例：有家航空公司以低價從汽車公司購買了一批機場巴士，因為車上噴繪著汽車公司的商標，等於是幫他們宣傳；再用高價把這批巴士賣給司機，同時保證他們有穩定的客源。航空公司憑著巨大的客流量，不僅省去購買機場巴士的經費，還從中賺了一筆。航空公司能做到這一點，憑的就是看到了汽車公司的宣傳需求，又看到司機對穩定收入的需求。

仔細想一下會發現，「羊毛出在狗身上，豬來埋單」這種商業上的思維模式，只是說法新穎，本質就是把需求和資源連接起來，背後的商業邏輯和平時在工作中經常用到的那些借助別人的力量來解決問題的想法，並沒有什麼不同。

比如我們開始做知識付費，去年有一位業務同仁賣掉了價值幾百萬元的課程。其中有一半的業績，就是靠外部合作完成。

也就是說，他找到了一些合作單位，因為他們需要相關課程內容，而他手上正好有這樣的課程要賣。於是雙方一拍即合，業務省去一個個單獨和客戶簽約的時間，還增加了公司的收益。這裡面沒有什麼非凡的商業模式，但對完成自己的工作目標卻很有效。有些人可能會覺得，去找合作單位這樣的事情太難了。有人會覺得自己性格內向，甚至還有點社交恐懼症，拿起電話來就覺得呼吸困難，這樣的性格怎麼和別人溝通，怎麼連接資源和需求呢？

其實，只要你對需求的觀察是準確的，無論你是什麼性格，無論你之前是否認識對方，事情都能談成，因為你真的能幫合作單位解決問題。

反過來說，如果你是個八面玲瓏的人，合作單位出於人情答應了你的請求，事情說不定反而容易搞砸，因為雙方礙於情面，有些程序就可能被忽視，也容易出現紕漏。不是基於雙贏的短期得利，通常最後得不到好結果。

用已經擁有的資源解決問題，效率是極低的。以前，我帶過一個編輯。

他在入行前，就和幾個作者關係很好。所以一開始的時候非常順利。但隨著時間的流逝，你會發現和他打交道的，來來去去就那麼幾個作者。後來要約的稿子越來越多，他的那點人脈很快就不夠用了。到最後，就連剛入行半年的新編輯，手裡的作者也比他多。

所以千萬不要迷信人脈。根據牛津大學人類學家羅賓・鄧巴在《梳毛、八卦及語言的進化》（*Grooming, Gossip, and the Evolution of Language*）一書中提出的說法，一個人能夠同時保持聯絡的人數最多也不過一百五十人。如果你產生了這一百五十個朋友解決不了的問題，那又要怎麼辦呢？

因此，不管你原有的人脈數量是多是少，品質是高是低，都不要讓自己的眼界和格局，受到所謂人脈的限制。

在網路時代，我們要連接的人越來越多，要連接的人脈也越來越多，一個人要跟不同的人合作，包括同部門合作、跨部門合作，還需要跨組織跨公司合作和協同。在這種情況下，精準找到相對合適的合作單位，一起定義問題，高效解決問題，就成了一個人不可或缺的能力。

我們在這本書中談論的搜尋力，就是連接各方面人脈的能力——一種在聯合多方力量、考慮多種層面的情況下，提出問題、解決問題的思維能力，也是幫助我們在關鍵時刻做出有效決策的能力。希望你讀完這本書，能得到一些啟發，能透過持續精準的努力，來撬動人生的最大可能。

Chapter

1

擁有搜尋力，人脈是個假議題

搜尋，不僅是在網上尋找資訊，還可以是尋找任何資源。有些人把目光放在自己已經擁有的資源之上，而更聰明的人會懂得連接比擁有更重要。在生活中和職場上，人們能擁有的一種最重要的能力，就是透過搜尋，把需求和資源連接在一起，用持續精確的努力，撬動最大的可能。

關係並不稀缺：求一個人，不如找一類人

大家都想找到的人物，就是那些會被看作「資源」的人。這種人能夠滿足其他人在某方面的需求，說白了就是能在某件事上幫助大家。

這種人周圍一定聚集著很多想要找他幫忙的人，而他的時間有限，所以發展這樣的人際關係一定比較難。如果我們把所有希望只寄託在一個人身上，那只會給自己帶來心理上的壓力，很可能反而讓事情辦不成。

其實，什麼人會被看作人際關係資源，和我們怎麼定義自己的核心目標有關。我有一位朋友，他臨時被叫去開一個會，需要在次日上午八點抵達。但當時他在另一個城市，他的祕書聯絡了所有熟人，也訂不到那個時間的火車票。後來，他對祕書說：「你找熟人是為了什麼？是為了買火車票，你買

火車票又是為了什麼？」

祕書聽了這段話，恍然大悟，趕緊叫了一輛計程車，開著計程車連夜趕到了當地。這個朋友要解決的核心問題是在次日八點到達開會，而不是找到火車站的熟人。當他們重新回到核心問題，直擊本質的時候，就能大大擴展提供幫助的人的範圍。

這個例子很簡單，但對於其他事情來說，道理也是一樣的。所以在一般情況下，我們想要做成一件事，往往是要找到一類人而不是某個人。

比如編輯要約一本商管類的書，可能需要找到一位有分量的企業家或者經濟學家；要行銷推廣一套青少年圖書，想辦一場活動，就要找到所有這個年齡層的青少年，畫對範圍，辦成事情的難度就會低很多。

想要找到我們需要的那類人，有時候靠單一的網路搜尋引擎不一定辦得到，效率也未必高。這種情況下，我們可以找到一個關鍵人物，把他當作搜尋引擎，從他那裡獲取有用的資訊，再去連接其他人。

什麼樣的人可以當我們的搜尋引擎呢？就是那些認識一大串我們要找的那類人的人。比如想認識醫院裡的醫生，我可能會先找門口諮詢服務的人瞭解情況。我想認識社區裡所有愛美的女性，我會先找社區裡的健身教練、美容院。我想認識一個教授，我可能會先找他的研究生瞭解情況。

這些能夠充當搜尋引擎的關鍵人物，往往比你的目標人物更容易接近，因為他們的時間相對充裕，也容易接受閒談、拉近關係。從他們那裡，你可以瞭解到很多有用的資訊。比如哪個醫生更擅長問診，哪個醫生更擅長手術？同樣是教授，哪個教授更想要迅速做出學術成果，哪個教授更佛系一些？

事先瞭解這些情況和目標人物，聯絡的時候就會更加順利。

準備出國留學的時候，很多學員都想要提前瞭解國外教授，想知道什麼樣的學生，才能受到青睞。大家其實可以在國外碩博士論文資料庫裡，查一下這位教授指導過的畢業論文，評估一下自己應該達到什麼樣的水準。也可以請教自己的學長、學姐，根據往年的經驗，看看他們對這位教授以及這間學校，有什麼樣的看法，這些事前的工作都會對達成目標有所幫助。

對人際關係進行挖掘，往往可以從身邊的人開始做起。美國社會學家馬克・格蘭諾維特提出了一種理論，把人際關係網路分為強關係和弱關係兩種網路。你和身邊的同事、朋友、親戚的關係是一種強關係；而只見過一面的朋友、網友的關係，則是弱關係。強關係意味著你們有共同的生活朋友圈，要面對和處理的問題也是類似的，可以由此得知附近的影印店在哪裡，哪家的早點最好吃，在哪裡可以得到最方便的停車服務。對於剛入職的新人也是這樣，如果能經常和公司的資深員工一起吃飯，就能從閒談中得到不少工作中需要的資訊，等真的遇到問題的時候，就能比較容易地迎刃而解。

所以說，經營強關係也好，經營弱關係也好，都不是要你做一個勢利的人，也不是讓你去討好那些大人物。有時候能幫助你的人，可能正是在不經意間認識的。知道別人遇到的問題，自己可能有一天也會遇到，有利於我們保持有彈性的心態，待人接物的時候更有包容心，也會更願意傾聽別人的問題和煩惱。

與此同時，我們也要特別留意和珍惜身邊的幾類人，無論是在強關係中，還是在弱關係中，他們都應該憑藉自己的個人能力或者性格魅力，成為我們關注的重點。

首先，是「內行」型。內行，顧名思義就是熟知內情的人。他知道的內情可以是產業內幕，可以是專業知識，也可以是人們關注的焦點。他們總是能最先接觸到內部資訊。當內行者發現了連接價值的可能，就會向其他人揭露此一價值。

以前，找到內行人指導自己比較不容易，但現在有了許多線上課程，你只要花點錢就可以獲得這些行家的知識。你所付出的代價，有可能遠低於這些行家付出的時間成本，但你卻可以用這種方式，獲取他十幾年乃至數十年的產業經驗。

其次，是「聯絡員」型。這種人不一定有多強的專業知識，但是他們善於和人打交道，喜歡交流和溝通。他們交遊廣闊，能夠把掌握的消息和資源第一時間傳遍周圍。聯絡員型的人可以把兩個素不相識，但有潛在交往空間的人聯繫在一起。

舉例來說，我能和陳志武老師合作，是因為我認識了一位叫岑科的媒體人。如果沒有他，我就不可能跟陳志武老師合作，也不可能跟央視《大國崛起》這部經典紀錄片的導演李成才合作，簽到後來獲得了當年年度財經圖書獎的《華爾街》。這樣的關鍵人物也許是你在某個領域裡非常熟悉的朋友，也許是你在拓展資源的過程中認識的夥伴，本人未必是名人，但是他瞭解你的需求後，就會給你很多幫助。

最後是「推銷員」型。他們不一定有很強的人際關係網，但是由於他們自身在情感上的天賦，往往有很強的感染力，能夠讓每個人都接受他說的一切，打消人們的顧慮。雖然關鍵人物對我們建立人際關係來說很重要，但也不要忽略其他朋友。你不知道什麼時候會用到什麼資訊，一條資訊的價值也許需要很長時間才能顯現。

有一次，我要向某位財經作家約書。我看著他的名字，想到七八年前和一個朋友聊天的時候，曾經提到過他。於是我開始搜尋聊天紀錄，發現果真如此。後來我的朋友就介紹我們認識了。

建立人際關係網要有一種開放的心態。公司裡，有的人獲得了一定的工作經驗之後就離開了。有些人很不喜歡下屬或員工離職，尤其是花了很多心血培養的、自認為和自己關係很好的下屬，這是人之常情，但我覺得主管最重要的就是格局要比普通人更開闊，沒必要那麼狹隘。也許他離開公司之後，也會成為你在外部很重要的搜尋引擎。

這些以人為節點的搜尋引擎，不僅能幫你找到人，還能幫你避開人際交往中的一些問題。我有一位細心的朋友，他說現在參加學員聚會之前，他都會認真做功課，瞭解多年不見的老友有什麼人生經歷。如果別人遭遇了人生的坎坷，那麼他就會注意在言談中避開相關話題。比如有的學員在家庭方面走得不是那麼順，就要避免談及另一半。以前可能大家都待在同個生活圈，相互都瞭解彼此的情況，但現在可能很多人一年才見一次，當然很多情況不瞭解。對老朋友溫柔一些，不要觸及別人的痛處，朋友認為這是現代社交中的一種基本禮儀。

除此之外，想要與你認為重要的人建立新的社交關係前，也需要特別注意運用搜尋力。比如在見一個重要人物之前，你需要先做功課，可以透過種種管道瞭解他是什麼樣的人，他喜歡什麼，哪些話題是你可以和他聊的，他身邊的什麼人可以影響他的決策……把這些資訊都調查清楚之後，接下來的工作就會更順利。

總之，在人際關係中使用搜尋力，就是把人當作搜尋引擎，把已經建立和累積的關係當作資料庫，以問題為導向進行資源的開發和整合。在這個過程中，一些具有特殊能力或者魅力的關鍵人物，會助你一臂之力，讓你的人際往來無往不利。

組織腦力激盪：讓創意從不期而遇，到如約而至

在內容產業工作，有時候我們需要的不是一份確切的資料，也不是突破某個難點的具體提案，而是讓人耳目一新的創意，一個能讓產品在市場上脫穎而出的點子。

能適用於商業生產的創意，往往會照顧到受眾的需要，因此不會是完全重新製造的，而是要用讓受眾感到陌生的方式，把他們熟悉的東西表達出來。

比如這句文案：「成長就是將哭聲調成靜音，酒聚就是將情緒調成震動。」很多人都經歷過成長，也知道成長是怎麼回事。可能長大以後，人會漸漸變得沉默，不再向其他人表達自己的負面情緒了，只有在喝酒的時候，

才會相互進行一定的情感溝通。把這種每個人都熟悉的感情，用一種讓大家感到陌生的比喻說出來，就是一種創意。

人們總是對自己的想法更熟悉，找到一種陌生化的表達就比較難。而很多人在一起討論的時候，不同的立場、感受和觀點相互碰撞，就比較容易對熟悉的東西產生陌生的感覺，進而發現創意。所以，為了發現一個新點子，我們可以把同事們召集起來，把別人的頭腦當作搜尋引擎找到這個創意。

這樣做的時候，也會遇到一些執行上的困難。比如以前開會的時候，大家會把相關內容創意、目錄和部分文章，拿到會議上討論。當一個人的選題擺在大家面前，其他人會紛紛發言：

「我覺得這個選題不錯。」

「如果標題能再有吸引力一點就更好了。」

「可能結構還可以再調整一下。」

這樣的選題會開了半天，好像也沒有人說出個所以然，每個人都是憑藉自己的感覺判斷。最後的結果往往誰也沒有說服誰。有的時候，有些同事的確提供了一些新點子，但由於缺乏篩選鑑別的機制，有些很好的創意，也白白流失了。

後來我發現為了讓腦力激盪更有效率，更快地找到我們需要的創意，應該明確告訴大家，參加腦力激盪需要準備些什麼。我認為腦力激盪應該有一個明確的主題，提前讓大家知道我們要討論什麼，討論的範圍有多大。

還是拿選題會議來說吧，如果我們要討論一個產品的命名，就要把討論範圍限定在產品名稱的討論內，不要朝其他地方過多發散。每個人都積極貢獻自己對名稱的想法，在思考和討論中達到一種集體心流的狀態，向一個共同的目標努力。

而我們對腦力激盪能得到些什麼，也應該有明確的界定，這樣與會者就會知道自己努力的方向，明白自己應該怎樣改進。一場好的腦力激盪通常能給與會者提供三樣東西：

1. 確認

當你有了想法，但是深思熟慮後，還是不能確定想法到底好不好，就可以把拿到會議上。參加會議的每個人可能人生經歷、性格都不盡相同，可以代表不同的用戶，從不同角度確認你的想法。

2. 建議

來參加選題會議的其他人，想法有可能不同，他們會從他們的立場給你一些建議。如果心態不夠開放，聽到跟自己不同的觀點就受不了，動不動就要為自己辯解，或者是批評別人，那什麼結論也出不來，因為沒有幾個人願意吃力不討好。如果尊重每個人的意見，讓大家在相對舒適的空間自由發揮、暢所欲言，那就有更高機率產生好的參考建議。

3. 靈感

靈感也就是隨機創意，這些隨機創意可能是大家臨時想出來的，是突然間蹦出來的一句話，也不見得表達得非常完美，但創意本身卻非常可取，比如對受眾內心需求的掌握特別深入。只要捕捉到這樣的瞬間，再把對方表達的意思加以優化，就可能會產生下一個好產品。

提供靈感的腦力激盪會議，還有一種可能，就是別人只是發表了一個很普通的意見，但是這種普通的觀點卻啟發了你，讓你產生了新的看法。

《紐約時報》專欄作家姵根．甘妮蒂在《發明學，改變世界：人類如何發明出手機、防感染導管、電腦搜尋系統、3D列印……等事物，改變我們的生活》（*Inventology: How we Dream Up Things That Change the World*）這本書中闡述了一個觀點，那就是很多創意都是在大家習以為常、司空見慣的事物中產生的。作者以《歡樂單身派對》（*Seinfeld*）這部美劇的產生過程為例，說明了我們生活中那些看似毫無意義的場景對話，也能成為讓很多人喜歡的喜劇。別人普普通通的一句話，可能就會把你的注意力焦點，轉移到那些平時由於過度熟悉而不加注意的事情上來。

腦力激盪雖然是搜刮創意的討論，但創意也不是憑空產生的。至少你得知道什麼東西是舊的，才能看得出什麼東西是新的。有時候靈感就是從舊的東西裡面產生的，把不同的舊要素拼貼在一起，加以重新組合就能產生好的創意。

一九〇四年，美國聖路易斯世界博覽會上，有兩個為遊客提供服務的小販。一個叫哈姆維是賣薄餅的，還有一個叫福納雄是賣冰淇淋的。當時已經是四月底，太陽火辣辣的，大部分遊客都在場館之間移動，天氣顯得格外炎熱。福納雄的冰淇淋賣得特別好，很快就被搶購一空了，甚至連裝冰淇淋的碟子都用完了。而哈姆維的薄餅卻滯銷了。哈姆維靈機一動，想到一個辦法：他把自己的薄餅捲成圓錐形，交給了福納雄。福納雄會意地把冰淇淋盛放在這個圓錐形的容器內，一個個賣給攤位前的顧客。

冰淇淋和薄餅兩樣東西都是舊的、已經存在於世界上的，兩者的組合為它們帶來了新的生命力。同樣，把大炮和輪子組合在一起就有了坦克，而可樂和漢堡的創造性組合則成就了麥當勞，把冰淇淋球放在吐司上，是港式茶餐廳裡一道常見的甜點。

所以說，在觸發靈感上，腦力激盪可以隨機產生直接能使用的靈感，也可以是啟發與會者產生靈感的契機，更可以是把舊想法拼貼成新創意的機會。

會後，如果我們已經找到了一個創意，還必須判斷是否符合我們的需要，以便留住真正有價值的東西。判斷一個創意是否有效，有以下四個標準：

・能否為公司帶來利潤

這一點是最基本的，想像力是人類的本能，人與人想法差不多，當你想出一個創意的時候，地球上很可能有一萬個人有了同樣的想法，所以別太相信自己是最聰明的人。另外，相信沒有一個主管或者老闆會接受讓他賠錢的想法，你的想法有沒有意義、能不能讓他接受，就看是不是能證明這個想法能帶來利潤。所以，在工作上提交創意之前，有必要在大腦裡多做幾次把創意變成利潤的邏輯推演。

・簡潔有力，直擊人心

每個創意被受眾閱讀的時間都是有限的，如果你的創意不能在第一時間被受眾領會，那很可能就是無效的。以圖書來說，早期健康類圖書產品在市場上的暢銷書名，像是《求醫不如求己》，之後又出現了《不生病的智慧》，後來又有了《從頭到腳說健康》《把吃出來的病吃回去》等長銷書。細細品味這些書名，你會發現這幾本書有共同的特點，就是讓人感覺書的內容拿起來就能用，健康原來這麼簡單！

・可控性

有一座加拿大的公廁，在一扇門外面畫了三片楓葉，在另一扇門外面畫了一片楓葉。設計固然新穎，但也很受爭議，因為三片楓葉和一片楓葉，到底哪個代表男性，哪個代表女性，並不是那麼直觀。這個創意過於發散，因此傳達到受眾那裡的時候，就失去了可控性。

・可操作性

我們有足夠的經費去執行這個創意嗎？設計這個創意需要多久的時間？這些都是掌控創意的人需要考慮的。如果我們想用24K的金箔去打造一本書，固然很有創意，但是也要考慮這樣做的技術難度和經濟成本。

想要找到一個新點子，不妨試試組織腦力激盪。在平級關係中，組織腦力激盪需要別人的配合，首先要培養自己的親和力和參與人員的篩選力；為了不讓腦力激盪離題，組織者需要有很強的目標意識；想要讓腦力激盪有序進行，要培養自己的計畫編制的能力；同時，腦力激盪的組織者還要扮演協調者的角色，管理好在場每個與會者的情緒起伏；當有用的資訊產生的時候，要把它迅速地捉住；這種資訊的產生往往是轉瞬即逝的，所以需要組織者有能力抓住對方想表達的重點。

組織腦力激盪對提升一個人的綜合能力，的確能發揮很大作用。所以想要在工作生活中讓自己成為一個富有創意、好想法層出不窮的人，你可以多跟同事、朋友們一起，做這樣的腦力激盪的組織練習。

最後，想要找到一個好想法，可以組織一場腦力激盪，讓每位與會者向內搜尋，得到確認、建議或者靈感。等到靈感產生之後，則可以從利潤、簡潔、可控、可操作四個層面對其進行檢驗，篩選出最佳的創意。

深思就是跨界：最罕見的問題，也能找到最普通的答案

在我們的生活中，大家常常遇到這樣的問題：在尋找解決問題的答案時，不是找到的結果太大眾化了，和遇到的特殊情況完全無法匹配；就是找到的結果是另一個人的經驗，他的經歷太特殊了，無法解答你面臨的問題。那麼，這兩種情況下要怎麼辦呢？

舉例來說，我的幾位作者朋友，他們都很忙，各有各的事要去處理，每天回到家都已經是半夜了，往往疲憊不堪，實在沒有力氣再打開電腦寫文章。但他們心裡還是藏著一個寫作夢想，不想放棄。看到他們被拖延症所困，我講了一個在音訊分享平台「喜馬拉雅」開設的節目《超級思維》裡和聽眾們分享過的小故事：

華爾街的金融公司都為同一個問題感到苦惱。這些公司的很多員工，在離開座位上廁所的時候，往往會忘記鎖定螢幕。這要是在普通公司，其實忘記鎖定螢幕也不算什麼大事，然而對金融公司來說，一個錯誤操作就可能讓幾億的資產灰飛煙滅。若是讓同事們相互檢舉揭發，實在是破壞團結。怎麼樣才能讓每個人記得在離開座位的時候鎖定螢幕呢？有個公司的CEO想了個辦法。他向全公司發了通知，告訴所有人，一旦你發現自己的鄰座沒有鎖定螢幕，就可以用他的電腦，以他的名義向全公司發送郵件。內容是：「你好，我是某某，我今天忘記鎖定螢幕了。按照約定，今天請大家去最好的餐廳吃飯！」自從制定了這條規定之後，忘記鎖定螢幕的人數大大減少了，同事之間的關係也因為開玩笑變得更加融洽。

我們能從這個具體的故事中得到道理呢？就是本來不想做、不願意做的事情，一旦成了多人遊戲，獲得了某種趣味性，大家就有了想做的動力。

作者朋友聽完這個故事，組成了一個小組，制定了嚴格的組規，規定必須每周交出三千字，否則就要在群組裡受罰唱歌，還要叫外送給大家。這樣做了之後，作者之間相互提醒，交稿也更積極，催稿再也不是一件尷尬事了。

員工忘記鎖定螢幕和向作者催稿的問題，看似是兩個完全不同的問題，但當我們看到這兩個問題的深層思考時，就會感覺到一致性。兩者都是用某種遊戲化的方式，提升參與者們的動能，利用他們之間的互動實現原本無法實現的目標。

在面對具體的問題時，為了借用我們解決其他問題的經驗，我們在大腦裡進行了抽象的過程，掌握問題的痛點。俗話說「隔行如隔山」，我們通常會覺得，產業間的壁壘牢不可破，事實卻並非如此。對於不同產業來說，道理是一樣的。掌握了透過抽象尋找事物深層思考的思維方式，跨界思考將不是難事。

比如說我在從事出版工作時，養成了習慣，每天都會看銷售資料。具體來說，就是各大通路的排行榜。看這些排行榜的時候，我不僅僅是看現在流行什麼，我還會去思考排行榜背後反映出來的時代潛流。比如二〇一二年出了一本韓國作者金蘭都寫的書，叫《疼痛，才叫青春》，當時熱賣。後來，劉同的《誰的青春不迷茫》在所有人沒有預料到的情況下熱銷。這本書連同後來創作的《你的孤獨，雖敗猶榮》《向著光亮那方》合稱「青春三部曲」。青春這個主題是長久不衰的心理需求。「青春」這個心理需求點是很具體的，但是尋找其中的邏輯卻是比較深層的，是抽象的。

現在我做知識付費工作，也會看喜馬拉雅的排行榜，道理也是一樣的。因為我不是以產品形式定位自己正在做的事情。發現價值並放大價值，是圖書和知識付費這兩個產業的共同邏輯。不管是圖書的排行榜，還是知識付費領域的排行榜，我每天都看，時間長了就能很容易發現那些比較特別的產品，能看到需求背後的基本，從相同中找到不同的東西。

對出版產業的資料進行抽象思考，和對知識付費行業的資料進行抽象思考，深層思考是一致的，只要我們的思考足夠深入，深入到數據與需求的本質規律和邏輯，就不會因為某個領域的經驗太過具體，而無法被另一個領域利用了。

在紛繁複雜的現象中看到本質規律的能力，是一種歸納能力，更是一種知識的遷移能力，意味著你能把具象的東西加以抽象。不過，要想透過觀察抽象出事物背後有價值的規律，我們還需要有另外一種能力，也就是把抽象的資訊還原為具象的感知能力。這種能力是歸納的逆過程，可以說是演繹的能力，也有人把它叫作「還原」。

知識服務 APP「得到」的創始人羅振宇在二〇一八年跨年演講中引用財經作家劉潤的話說：「不抽象，我們就無法深入思考；不還原，我們就看不到本來面目。」如果我們學習了抽象的道理之後，再還原成具體的應用方法，就不會覺得自己搜尋到的經驗過於抽象、無法用在具體的場景中了。

想要把抽象的經驗變得具體，首先可以試著去拆解一個宏大的目標。比如你要做一個好的內容產品，要看看幾個最關鍵的因素，從書名、包裝、企畫、用戶定位這樣整體的因素，到目錄、框架和每一篇文章。如果你能把這件事拆分到最小的單位，再和每個競品比較，就不會覺得這件事情很難。

其次，還可以試試發動自己的想像力。比如這些年來廣受推崇的「九段祕書工作法」，實際上也是把抽象資訊不斷具象化的過程。

以開會為例子，老闆說要開會，一段祕書可能只會發通知，二段祕書會打電話給每個參與的人確認，三段祕書會提前檢查是不是每個人都能就位，四段祕書會在會前檢查所有設備，五段祕書會提前發資料給參與會議的所有人，以便真正落實會議精神，六段祕書會做好會議結論的備份，七段祕書會確保會議上的決議得到執行，八段祕書會定期追蹤會議決議的執行情況，九段祕書會把上述的所有任務標準化和流程化。

本質上考驗的還是把抽象還原為具體的能力。如果老闆說要開會，腦海中出現的只是「開會」兩個字，那麼你很難達到一段祕書的水準。如果你閉上眼睛，想像一下每個人接到開會通知是什麼反應，你就會意識到有些工作繁忙的同事，可能會難以準時抵達，你會有意識打電話給每個人，進行事前確認。

接著想下去，你能想像到大家進會議室之後的場景，就會意識到可能會用到各種會議設備，這個時候你就知道要去準備投影機。如果你還能想像有些人開完會，可能就把會議筆記扔到了一邊，看都不看，那麼你就會知道自己應該及時備份會議紀錄，分發到個人。如果你想得更深更遠，就明白開會這件事是職場中反覆出現的場景，於是你會為以後的會議制定流程。想到這一步，你就是一個標準的九段祕書了。

我們常常說的跨界思維，其實也是思維從具體到抽象，再從抽象到具體的一個過程。比如手機產業看似和文化產業毫無關係，其實一些戰略思維完全可以用到文化產業中，OPPO 和 Vivo 這兩個品牌，知道在高端市場拚不過華為，所以就專門開拓四五六線城市。等到占據了底端市場之後，再打回一二線市場。做行銷推廣的時候就勢如破竹。採用類似戰略的還有拼多多，阿里巴巴和京東花了這麼長時間才建立的電商平台，拼多多用了三年時間就完成了。為什麼？因為他們都找到了自己的優勢，也運用了農村包圍城市，用自己的優勢力量去攻擊對方的劣勢。

企業和個人發展規畫，其實都可以使用這種思維。有了把具體的東西變抽象、把抽象的東西變具體這兩種能力，就不愁搜尋得到的結果由於太抽象或者太具體，導致無法用、用不上的情況。你會發現找到事情的深層思考，再罕見的問題，都有最普通的答案。

Chapter

2

明確目標：發現內驅力，明白自己內心真實的渴望

搜尋不僅是搜尋資訊，更是對未知世界的探索。當遇到問題的時候，我們應該有向外搜尋的意識，發現未知的自己，獲得外界的幫助。

向內探索：比努力更難的，是看清自己的真正欲望

最近我們發展學會接到這樣的一份諮詢：有位學員在一家外商公司擔任部門主管。他原本覺得目前的生活穩定，薪水也很滿意。最近由於直屬上司的職務調整，對他心懷不滿的人抓住這個機會，到處說他壞話，導致他工作不順心，原本期待的升職機會沒了。他很不高興，甚至有了辭職的念頭。但他一畢業就進了這家公司，一直都做相同職務，真要換份工作，還真不知道要做什麼好。

在找我們之前，他和自己的死黨聊過，也在紙上列出了自己的興趣和專長，分析了自己的職業優劣勢，但還是無法做出決策。他又痛苦又不知所措，所以找到我們的職業諮商師，想來問問我們應該怎麼辦。

首先值得肯定的是，這位學員在做出離職的決定之前，先和朋友溝通。至少意識到在做一個決策之前，要搜集足夠的資訊，充分考慮再做決定。如果他沒有這麼做，而是一怒之下直接捲鋪蓋走人了，等到回家之後冷靜下來想想，發現這份工作才是自己畢生的真愛，那就尷尬了。做出工作和生活中的重大決定之前，深入瞭解一下自己，弄清楚真正的想法是很必要的。

為什麼要這麼做呢？因為每個人對自己的瞭解，有時候並沒有想像中那麼準確。比如說我有個同事經常說自己是個內向害羞的人，但實際上，他在公司裡非常活躍，一點也不害怕當眾發言，勇於表現自己，和人私下交往的時候也能聊得很開心。周末時，總和不同朋友相約一起逛街吃飯。那麼，為什麼這位同事一直說自己是個內向的人呢？

一起玩真心話大冒險的時候，我們發現了祕密。原來，同事小時候由於身體的原因，臥床休息了一段時間。那段時間，他總是一個人寫作業，一個人玩，無聊了就用樹枝在牆角畫圈圈。等到病好了之後，他和同學相處的時候，總有一種不太自在的感覺。因此，形成了「內向」的自我認知。

美國社會學家查理斯．庫理（Charles Cooley）在一九〇二年發現了這種現象，他把這種自我認知的形式稱作「鏡中自我」（Looking-Glass Self），透過別人的眼睛來看自己，瞭解自己的性格傾向、喜好、習慣做法等，往往會比自己對自己的理解要更準確，可以避免只有單純的自我認知產生的問題。

人對自己的看法往往存在認識不足的現象。有些人會無意中放大自己的優點，也有一些人會在無意中放大自己的缺點，而朋友的看法可能會擊中一些自己無法發現的盲點，因此相對來說也比較客觀。想要更深一步瞭解自己的話，可以借用朋友的觀點，向外搜尋別人的意見，遇見未知的自己。

找朋友諮詢意見的時候，建議多聽幾個立場不同的人的看法。有句話是「兼聽則明，偏聽則暗」，如果你只問一位朋友的意見，恰好他平時和你比較投緣，很聊得來，不就等於間接問了你自己的意見嗎？

建議年輕朋友，求職時，不妨把自己當作一款尚未上市的產品。為了讓這款產品能夠暢銷，事先要做市調，搞清楚用戶是誰，他們喜歡什麼。如果，你只問了一個朋友的意見，就像是產品上市前只調查一位使用者，這樣本數是不是有點太少了？至少也要多市調幾次，尤其要聽一聽那些和你意見不同的人的觀點。

日本的管理專家石田淳曾經說過，人其實沒有自己想像的那麼有個性。大家都無法克服冰淇淋的誘惑；明知道該砍掉手裡的股票，卻怎麼都狠不下

名詞解釋

鏡中自我

這個概念是社會心理學家查理斯．霍頓．庫利提出的，意指人們形成自我觀念的一種心理機制。在他看來，人們的自我觀念主要反映了他人對自己的判斷。社會心理學家米德（George Mead）對這一概念進行了擴展，認為想要瞭解一個人，就要看他屬於什麼社會群體。「鏡中自我」的理論認為，人們會設想他人對自己的看法，並會努力使自己的行為符合他人的預期。

心；在打折的時候，忍不住想買幾件不需要的衣服……這些行為模式是根植在人性弱點中的弱點，有可能自己由於身處局中發現不了，別人卻能一語道破。

向外搜尋別人的意見，不代表你應該人云亦云，也不代表你應該讓別人代替你做決策。借用美國著名心理學家布里格斯和邁爾斯的理論，你可以從以下幾個方向瞭解自己：

- **我們與世界怎樣互動？**
- **我們會留意到什麼樣的資訊？**
- **我們的決策方式是什麼？**
- **我們會選擇怎樣的風格生活？**

很多時候，自我認知偏差是因為我們對心理疼痛的畏懼，因而無法留意到本來可以注意到的資訊。比如說當一名女性和愛慕的男性講話時，對方頻頻看錶。這原本是不感興趣、希望快速結束對話的訊號，這名女性卻可能一廂情願理解為「你這麼忙，還留在這裡陪我聊天，看來是對我有意思」。

這時候借助其他人的力量瞭解自己的真正想法，多聽那些可能引起心理疼痛的意見，可以注意到自己因為種種原因而沒有留意到的外界回饋，面對真實的世界，並面對真實的自我，及時調整心態。

總之，遇事不決的時候，可以借助外力向內搜尋自己的內心，一步步打開被意識封印的潛意識，找到自己的真正意願，說不定這樣事情的結局會更好。

向外探索：你成長的空間，永遠在舒適區之外

子軒最近和一位學長處得有點不愉快。因為他向這位學長討教如何寫履歷、找工作，學長回覆說他履歷寫得不好，最好再改改，否則無法通過HR（人力資源）的篩選。子軒抱怨：「我向你請教是尊重你的意見，你怎麼不能尊重我的意見呢？」子軒的這番話聽起來很有道理，但真的是這樣嗎？

很多人都會面臨這樣的問題，在你想要努力改變自己的時候，會覺得那個提出建議的人沒有用正確的方式說明。比如「前輩講話的口氣實在太凶了，否則我一定會聽他的」又像是「我知道你們講得對，但你們不懂我」。不過，在我看來，學習原本就是一件反本能的事，想要舒適學習、成長，幾乎是不可能的。

大多數讓你很舒服的事情都是陷阱。學習本來就是反本能的事，等到萬事俱備才行動，可能就晚了。走出自己的舒適區，找到讓你不舒服的狀態會更容易成長。對每個人來說，得到與付出都遵循著某種價值規律。知識型影片脫口秀「羅輯思維」的前創始人申音，曾經發過這樣一則貼文，原文如下，和大家分享：

和我媽聊天，為什麼比她書念得多，比她年紀輕的都會去買保健食品，她就沒買？初中學歷的她說法如下：

第一，遠離誘惑，堅決不占人便宜。不去領免費雞蛋和白米。

第二，把時間花在付費的社區大學課程和戶外運動上，不浪費在免費的保健課上。

第三，善待朋友鄰居，同時保持距離。遠離一切試圖熟絡親熱的陌生人，遠離糊塗人。

第四，學會用智慧手機和平板電腦，少開電視，多看兒子的臉書。

第五，把退休金花在穿好一點，吃好一點上，定期健康檢查。不要省錢省到最後去買五六萬的水療床墊。

這位媽媽雖然上了年紀卻比其他人有智慧，他知道讓人太舒服的事情之中，有可能藏著陷阱。對於職場工作者和創業公司來說也是如此。如果一整個星期都過得很舒適，就要開始想是不是哪裡出了問題了？作為職場工作者，或者作為一家公司負責人，本來就是要負責解決問題的。舒服的狀態哪怕不是人為的陷阱，至少也不會帶來成長。

大家可能都想要工作輕鬆、薪水又高，還要穩定。真有這樣的一份工作擺在你面前的時候，建議你還是想一想為什麼別人不來做，難道是因為他們笨嗎？職場中就真的有人會覺得太輕鬆的錢不能賺，自然躲掉很多內藏危機的事。

大學的時候，有人介紹我一個實習的機會，說只要加入就能賺到很多錢。我大概瞭解了一下，他們賣一種會發熱的坐墊，坐墊看起來成本不過幾十塊錢，但產品定價卻是一千多塊。我當時覺得很詭異，錢為什麼這麼好賺，利潤豐厚得很可疑。當時大家都起了疑心，但機會誘人，一些其他系所的同學還是去了。

後來隨著閱歷的增加，我才知道這就是那種不正規的直銷。加入這樣的組織可謂害人害己。什麼樣的人容易上當受騙？基本上都是有僥倖心理的人。所以年輕人做事情要腳踏實地，越有僥倖心理，越容易讓自己遇到麻煩。

心理學家的研究指出，人會放大自己希望發生的事情的機率，這也是彩券行得以存在的原因。如果大家希望這件事發生，哪怕明明只有〇．〇〇〇〇一％的機率，在你眼中看到的卻可能是一％的可能性，所以會願意付出一％的成本買這個可能性。

一個人是否願意為某事行動，是由心理感受決定，而不是這件事在現實中發生的可能性來決定的。這是普遍存在的認知偏差。做生意也是這樣。如果有一天，突然間有個大富豪跟我說：「我給你一億，你們公司想怎麼做就怎麼做，就算把錢都虧掉也沒關係。」你敢要嗎？反正我不敢要。我從來不相信買彩券會中獎，也沒買過，我相信勤勞致富。

保持合理的利潤率，我覺得對於做生意來說是一個非常基本的事。雖然牟取暴利是企業最舒服的事情，很多房地產公司就是這麼做了，但結果就是毀了自己的品牌，也做不長久。而我很敬重的一家公司萬科則不然，它會追求合理的利潤率，不會賺用戶太多的錢，把精力放在房子的品質上。這種專業的態度對品牌產生了有利的影響，所以人們會用比同類的房子貴的價格購買萬科的房子。這就是萬科最後獲得的品牌溢價，那麼萬科的房子還會擔心銷量嗎？

小米科技創始人雷軍曾經說過，「在硬體上我們永遠追求五％的利潤率。」說完這句話若干年後，小米9還是漲價了。我相信雷軍說這句話的時候是真心的，因為如果不提高價格，企業就沒錢研發。漲價後的小米或許仍舊在追求合理的利潤率。

過去讀書的時候，《資本論》裡有這樣的觀點：「如果有一〇%的利潤，資本就會保證到處被使用；有二〇%的利潤，資本就能活躍起來；有五〇%的利潤，資本就會鋌而走險；為了百分百的利潤，資本就敢踐踏一切人間法律；有百分之三百以上的利潤，資本就敢犯任何罪行，甚至冒絞首的危險。」

這世界上能達到百分之三百高毛利率的生意，大概只有賭博、毒品和性交易那樣非法的行為吧。蘋果手機的價格過去一直很高，占據了全世界手機市場百分之八九十的毛利率。為什麼這兩年，蘋果的手機降價了？因為再不降價，市場就被別人占了，這麼高的毛利率是維持不了多久的。

在我們開始做一件事的時候，不能為了讓自己舒服，就抱著僥倖的心理；在事情發展的過程中，如果感覺自己太舒服了，反而要警醒是不是自己做事的想法有問題。當你發現苗頭不對，意識到自己錯了，就趕緊掉頭，不要等到最後才悔之晚矣。

找合作夥伴也是一樣，要試著找有相同的價值觀，但想法不完全相同的人。比如說我身邊一定會有一兩個朋友的做事風格和我不同，在決策的時候，我特別注重那些觀點和我不同的人的意見，去問問他們是怎麼看的。

過去在出版業的時候，我的總編處事風格和我不一樣，他偏謹慎一點，我更有衝勁一點。在重要的事情上，我會去聽聽相對「保守」的意見。我們要為自己創造不舒服的狀態，是因為我們要做的不是更容易的事，而是更正確的事。經濟學上有個詞叫「推力」，什麼叫推力呢？我的理解是這就好像鬧鐘，也是讓大家不舒服的東西，一遍遍地叫你起床。鬧鐘讓人如此不開心，但是大家為什麼還要用鬧鐘呢？因為你明白準時起床是必須要做的正確的事。

與其在舒適區內止步不前，不如主動尋找不舒服的狀態，更有利於成長。要知道越追求不舒服，你就越舒服；越追求舒服，你就越不舒服。關於找到讓自己不舒服的狀態，在這裡給大家三點建議：

1. 應該學會和讓你不舒服的人討教

除非你能確定自己獨自學習的效果一定比在別人的指導下要好，否則在繁重的學習任務開始之前，最好先找到一位前輩，向他討教經驗。在職場上會有很多人出於本能躲老闆，而在學校裡也會有很多人出於本能躲避前輩，因為比自己經驗豐富、比自己更專業的人，總會帶來心理上的焦慮。老闆或者前輩的經驗多半比你豐富，可以教你很多東西，所以你躲老闆、躲前輩，就是在躲資源。

對外探尋的時候，人都會去主動去尋找那些講話順耳的人提供建議。就算你找到了能講逆耳忠言的人，也可能你聽進去的還是那些最想聽的話。這是普遍存在人類心理中的認知偏差。也就是說你尋找的並不是一個真正的建議，而是來自外部的認同感。有時候這樣做沒錯，比如當你已經做好決定的時候，可以尋求外部支持自己的力量。但現在想說的是，如何在全面考慮了問題後，向外界尋求幫助。

同樣一件事，你去找朋友和去找父母，他們給的意見和得到的回答很可能完全不同，而且你事先也能預想到他們會給出什麼樣的意見。有時候你想做一件事前，如果知道朋友會反對你的做法，就可能不敢問他。這涉及到第二點：那些讓你覺得有點不舒服的建議，才是你應該重視的。

這樣你在決策的時候，才能夠跳出情感上的排斥心理。因為你的情感一直在偷偷降低這些建議的權重，所以你要在理智上把這些建議的權重提高一些。你可以試著把不舒服變成需要長期執行的人生策略。

在健身房裡面挑教練的時候，可以挑稍微嚴格一些的；你想要去跑步，可以找同伴一起相互督促，相互挑戰。這種讓你痛苦的事情，就要兩個人一起做才會有動力。這就是在外部尋找建議的時候，盡可能找到跟你更合適的標籤。

有個年輕女生曾經到我們學會諮詢，她平常是做網拍的，想要當網紅，但是幾次嘗試都失敗了。我們的職業諮商師幫她梳理，發現她的長相和性格都是甜美可愛型的，但是她偏偏去模仿性感路線的網紅。她選擇模仿對象就錯了，怎麼可能成功呢？後來參加了我們的職業研修班後，職業諮詢老師做了一系列規畫，她也認清了自己的特點，後來網拍做得很成功。

不管是工作還是學習，都可以找與自己比較接近的模仿對象。就好像我們出版業，一本書是有性格的，書背後的編輯也是有性格的。找到價值觀和性格都和自己比較接近的對象模仿，比較容易領會到這種風格的精髓。

總之，想要儘快成長的那些朋友，不要去逃避那種讓你不舒服的狀態。人以群分，物以類聚，基於相同的價值觀，我們反而應該去找一找那些和你處世風格不同的人，去聽聽他們的建議，主動向外探尋。這樣有利於保持自己的初心，可以隨時調整自己的狀態，整個人也會更寬容，事情就更容易成功。

知識挖掘：應付考試的時候，你放棄了什麼？

每到大型考試前，發展學會都會接到很多和考試有關的提問。那該怎麼利用搜尋力來應付考試？

其實，考試是一場對已有知識的內在檢索。心理學家研究發現，本來記得不是那麼牢固的知識，經歷考試之後，往往比自由學習狀態下記得更牢了。

學新知識時，人們常會用關鍵字或關鍵資訊與舊知識相連接，例如記「dogma」這個單字，「dog」是狗的意思，「ma」是媽媽的拼音，「dogma」是「教條」的意思，這個詞可以記成「狗媽媽是小狗的教條」。考試會加強新知識和舊知識之間的連結，幫助人順利學習新知識。

溫故而知新的辦法就是向內檢索。想要進入一個新的知識領域，獲得全新的資訊，就要向外檢索了。這種檢索不是在搜尋引擎中敲幾個關鍵字，首先要有目的地建立思維模型，其次要把自己搜尋到的知識分門別類放到這個思維模型中，最後還要找到這些知識的應用場景。

有時候我們會在大學生中發現這種讓人痛心的現象：他們有好多版本的教材、歷年考古題和一個圖書館，卻不知道怎麼查、怎麼用，最後把力氣花在那些最不值得的事情上。是他們不會使用搜尋引擎、不會去圖書館檢索書目嗎？不是的，他們的困難不在這裡。

據我觀察，很多人的真正問題是抓不到考試的重點，沉淪在題庫的汪洋大海中，找不到考試的意義，甚至憎恨考試。即使通過了考試，也沒有提高自己在相應領域的能力。針對這種現象，我提出幾點建議：

・找到知識之間的深層思考

找到一些零散知識之間的深層思考，就是建立完整知識鏈的思維。清華

為什麼要在知識之間建立聯繫？

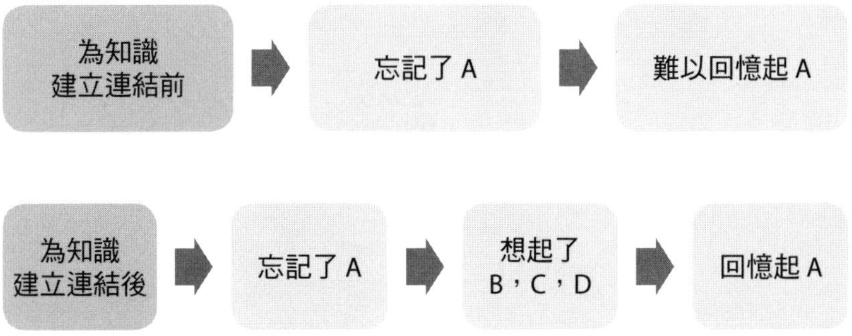

大學的經濟學者韓秀雲老師曾告訴我，好的課程大綱，就是那種深層思考相容，讓人很容易跟著你的想法走下去，看一眼就能把這個框架背下來的大綱。韓秀雲老師的經濟學課程大綱就是這樣，很容易就能把那個大綱背下來。

這是因為人的思維是有邏輯的，大腦儲存不了太多的資訊，如果能把零碎的資訊用邏輯線索整合起來，大腦就會認為這些資訊都是同一類的，就會比較容易記憶。像是你看了一部通俗電影，通常很容易就能把電影情節複述一遍，因為電影的情節發展是有邏輯線索的。這種思考活動是人類大腦自發進行的，人類腦部的海馬結構會把分散在腦中各個部分的零散資訊整合成記憶，資訊編碼的過程由前額葉皮層完成，有其生理基礎和科學依據。

．以目的為基礎建立一個知識體系

現在很多考試，大家都能找到很多版本的教材，不同教材之間的體系可能還不一樣。比如你去考會計師證照，就是透過考試確認是否具備會計應該具有的能力。如果我是一個應試者，我會根據考試的目的找出知識的深層思考，而非為了考試而考試。

我們可以站在出題人的角度去想一想，出題人一定有他的想法。他為什麼要考你？這場考試中他希望你具備什麼樣的素養？對此有了深刻的理解之後，再去在不同的邏輯分支中累積知識。知識樹是有邏輯有層次的，一個大問題下面可能包含了若干個子題，每一個子題下面又可以衍生出更多的小問題，小問題下面還會包含很多小問題，最後拆解到不能再拆解為止。

其實所有的知識都是有結構體系的，理解這個結構，要從最底層的邏輯理解它的意義，你的思維就可以展開。很多學科都可以利用心智圖這個不錯的工具。每種知識都有遷移的可能，但如果不理解這個東西的意義，知識遷移的難度就很大。如果僅僅只是理解這個知識，卻沒有把理解和經驗結合，就獲得不了知識帶來的技能。

‧要有活學活用的能力

遇到合適的機會就要向內搜尋，把知識調取出來。在大家日常的學習中，多數人會經常用到的一個策略是重複被動閱讀，比如說一門課程的教材讀完一遍、再讀一遍，覺得每讀一遍都可以加深學習的印象，事實上研究發現，被動的重複閱讀對學習產生的效果是微乎其微的，而主動反覆提取知識則可以有效地加深記憶。

活學活用是一種對知識的提取能力。二〇一一年，普渡大學的心理學者做過一個研究。他們設置了兩個對照組，其中一組參與者不管能不能正確回憶出自己看過的單字，螢幕上都不會出現這個單字的重播；而另一組參與者如果無法回憶出自己剛才看過的單字，螢幕上在出現新單字的時候，就會出現舊單字的重播。結果發現，第一種學習方式中，參與者記住的單字非常少，大約只有一％，而第二種學習方式中，參與者記住的單字則有八〇％。

我們上學的時候有共同經驗：在考試之前，你需要複習地理、歷史、公民等科目，因為這些知識平時使用得不多。但是在數學和物理考試之前，卻很少聽說有人需要重新背公式。這是因為平時做數學、物理練習的時候，提取知識的次數很多，對公式的印象已經很深刻了。

如果你想把這種學習理科的方法，用在文科學習上，就要多多使用自己學到的知識，而不是簡單地把這些知識背下來。

在頂尖的外文大學裡，老師講了一個單字之後，會要求課後作業，讓學員們用這個單字造幾個句子。這種簡單有效的方式，一來能考察大家是不是真正理解這個單字，二來也是讓大家在記憶提取中加深對單字的印象，以便日後能活學活用這個單字。

以上三點關於考試的道理，在其他情況下也是適用的，即使出於純粹的興趣，想要瞭解某個學科，也可以用到上面講的這幾個方法。

在職場中也是一樣。上學時候面臨的考試是看得見的，但進入職場後，沒人考你，也不是就此高枕無憂了。如果願意，你可以把職場中的工作定義為考試，連和人打交道也是一種考試。

人和人之間就是靠著一次次的考驗拉近關係的。比如你想談成一個客戶，見了一面之後沒有談攏，你就放棄了這件事。後來他跟另外一個人談成了一個很大的案子，你可能也不知道。但是機會就這樣失去了。所以，永遠要注意細節，學會把握機會。

考試本身是一種向內搜尋，為了完成考試則需要向外搜尋。歸根究柢，兩種搜尋都要透過考試這種手段，找到知識的意義，放入自己建立的思維框架，並在活學活用中不斷加深對印象，技能就會慢慢增多。

Chapter

3

問題驅動：打造高效解決問題的搜尋邏輯和思維

提出問題是開始向外探尋的第一步。知道自己向誰提問、怎麼問、問什麼，精準執行，避免無效努力。

借來的腦子：提問的第一步，就是放下面子

我們在聊天交朋友的時候，總是能遇到一些「自來熟」的朋友。這些朋友就好像「查戶口」一樣，滔滔不絕問了許多問題。這種人有時候會讓人感到很厭煩。我們有可能會生怕自己不小心就當了惹人討厭的人，但是不問出第一個類似「你住哪裡？」這樣低級的問題，又要怎樣才能開始一段友誼呢？

在你接觸一個陌生領域的時候也是一樣的：你最開始提出的那些問題總是非常低級，很難入高手的法眼；可是不問出第一個問題，下個問題還真不知道要問什麼。

前面我們講到要走出舒適區，把別人當作搜尋引擎，勇於從老闆或者前

輩那裡搜刮經驗。然而大家會有這樣的擔心：「我太幼稚了，提出來的問題一定會被前輩嘲笑吧？與其忍受那種羞辱，又問不到什麼有用的資訊，還不如不要提問呢。」很多人的心裡很可能這樣想。

怎麼樣才能找到好問題，讓老闆、師友，或者前輩留下深刻的印象？事實上，一開始是找不到的。任何好的問題總是從蠢問題開始。提問並不意味著你技能成熟，但意味著你敢於思考，也敢於表達自己的想法。

提出蠢問題的時候，不要怕被別人瞧不起。別說提問，就是人生這件事，繞遠路也稱不上錯，讓自己痛一痛沒關係，人就是在痛苦中成長的。

培養下屬，如果什麼東西都直接告訴他，勢必不會長記性；有些東西就讓他自己吃虧，就會回過頭來找你了。所以在教人的時候，有時候說話要留白，留給他自己思考，不要所有東西都直接告訴他。

年輕人也要主動去嘗試，不要怕犯錯。很多人根本就不願意把自己的觀點展現出來，因為怕自己一開口就會被人嘲笑。當然，對痛苦的畏懼是人類的天性，所以可以設計環境和行為，故意把自己放在一個相對尷尬的境地，就可以避免未來更大的疼痛。反之，如果你覺得今天過得舒服，明天就可能會遭遇更大的痛苦。

以前在大學的時候，我經常去聽各種各樣的講座。很多人不敢提問，我也不敢提問。後來我把心一橫，管他的，就舉手。老師說：「你想問什麼問題？」我也不知道我想問什麼問題。我心裡說，我就是想讓你注意我。然後我就隨便提了一個問題，坦白說這個問題很爛，完全不合格。

但是我想說，回去後我很有成就感。作為一個性格內向的人，竟然向老師提出了一個問題，我覺得自己很棒，至少敢和那些人講話了。我很高興自己邁出了第一步。

所以我覺得很多時候，很多人的問題不是在於提不出好問題，而是不會去提問。或者是有的人提問之後，心態不夠穩定，不像我得到了滿足感，而是覺得自己太丟臉了，下次再也不想提問題了。「天哪！我竟然問了一個這麼蠢的問題，老師有可能會罵我！」面對同樣的處境，我看到的是硬幣的正面，而他們首先想到的是硬幣的反面。如果你問的問題真的很糟糕，何不想想下次怎樣提問題才能更好呢？

俗話說，沒有比較就沒有傷害。如果你感覺自己的提問很糟，是因為現場有人問出了比你更好的問題，那麼你可以想想，他是怎麼提出好問題的？如果心境一直停留在自我否定的層面，就完全不會想著下一步要怎麼提出新的問題。所以你只需要把問題想得簡單點，問自己下面三個問題就夠了：

- **哪個人比我問得更好？**
- **這個人的問題好在哪裡？**
- **下次我如何才能提出更好的問題？**

然後，順著這個人的想法，試著檢索這個領域的資料，補充相關的知識，再提出新的問題。自己檢索、獨立思考，能讓你和陌生專家的溝通更為順暢，做到這兩點，在職場的溝通中就很重要。

比如說你是一個公司的中階主管，每天要管理下屬，還要向高層彙報工作。百忙之中，你招募了新人當助理。然而，後來你發現助理看似每天很忙、很努力，還問了不少問題，但在提問之前，他對事情毫無思考，常問一些「這張表格上面應該填些什麼內容？」「我該去哪裡找資料？」這樣毫無技術含量的問題，為什麼不索性再多花點時間，自己把事情搞定呢？

在提問之前，建立自己的觀點是最基本的。很多時候，有些人會把主管、同事的觀點當作自己的觀點，如此一來，別人會覺得你是一個沒有想法的人，也不知道該怎樣幫助你。所以建立自己觀點的過程中，一定要清楚地區分「事實」和「意見」。

許多人會把大眾主流宣導的價值觀、意見、看法當作事實，認為只要是權威人士說過的都是客觀事實。反過來，如果能在聽別人的意見前，自己搜尋一下，弄清楚一些事情，就更容易吸收別人的觀點。

對於別人的觀點，如果能追溯到源頭找到看法產生的根據，就可以更有效地透過提問來學習。所以在職場上，在提問之前一定要自己檢索一下，獨立針對問題進行思考。

哪怕你的回答是錯的，也要自己先想想清楚。如果你有一個方向，別人就會明白你的問題在哪裡，更有針對性地給出建議，你自己的記憶也會更加深刻。這樣做，以後別人會更樂於幫助你。

在自己動手搜尋解決問題的時候，要準確地對問題加以描述。

比如前兩天，有用戶想找一篇我們網站的文章，但因為文章比較早期，列表裡面沒有，用戶就向我們求助，客服聯絡相關的負責同事，但恰好此時這位同事不在線上。看到他自己認真尋找答案，其他同事都熱心幫助，大家推測文章可能改了標題。在大家一籌莫展的時候，一位同事突然想到，用戶想要找的並不是這個文章的標題，而是文章本身。

於是他打開用戶的那則訊息，鎖定了一個關鍵語句，接著用搜尋功能搜尋了這個關鍵語句，只花了幾十秒的時間就找到了這篇文章。

在問題解決的過程中，涉及三個步驟：

第一步，把關鍵的客服人員當作搜尋引擎；在這一步失靈的情況下，大家想到的是搜尋工具。因為網路上不論是網站、還是網路的官網，搜尋欄已經成了一個必須的存在，所以第二步就是輸入標題，透過標題搜尋來尋找答案。可是標題搜尋並不能解決問題，於是透過內容中的某一句關鍵文字來搜尋的同事，用了最後一步，迅速地找到了答案。

看上去這個過程很簡單，實際上反映了擁有超級搜尋力的人往往能更精確地定義問題：大家之所以一籌莫展，是因為認為我們需要解決的問題是「找到某個特定標題的文章」，但實際上用戶想找的並不是這個標題，而是文章內容。所以，把人當作搜尋引擎是對的，學會運用搜尋工具也是對的，但是高層次又精準定義問題則是發揮搜尋力的核心。

如果自己動手做了，也認真思考了問題的解決辦法，還是找不到解決方法；又或者，雖然你想出了一個解決辦法，但是不知道這個方法是否優質，是否高效，此時就可以去請教主管或者前輩了。

關於提問的角度，引用李開復老師的話，在提問角度這方面提供幾個建議：

- **多問 how（如何），多嘗試，多實踐**
- **多問 why（為何），理解原因和初衷**
- **多問 why not（為何不），嘗試找到不同的想法**
- **多和別人討論，理解不同的思維和觀點**

對於個人成長來說，提問是一件好事，但提問之前和提問之後也要多思考、多搜尋，可以學到更多的東西，也是尊重別人時間的一種方式。

思考解決問題的辦法時，可以透過「5W2H」拆解問題的階層結構，也就是透過提問找出解決的線索。

解決問題的 5W2H

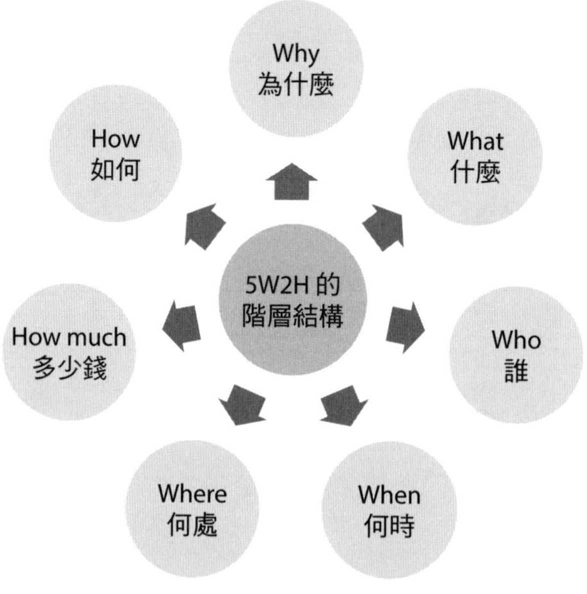

經驗的邊界：為經驗找到新的適用領域

很多女性朋友在結婚之後，都會有這樣的感慨：「他對我不如從前了！」而很多男性朋友似乎也有同樣的苦惱：「她變得越來越愛嘮叨！」我曾經有一位朋友，結婚之前花了好大工夫才把另一半追到手，但結婚之後就開始抱怨對方在家待著的時間太少。

兩個人在談戀愛的時候如膠似漆，結婚之後卻並不幸福，這樣的現象並不罕見。有些人會覺得這是因為彼此厭倦了，包容心也就降低了，這種說法固然有一定道理。不過，也可能是因為更深層的原因，也就是戀愛中的相處模式和婚姻的相處模式本身就有差異。

如果說結婚是一起過日子，戀愛則更像是在漫長的日常生活放了一個假。戀愛是對兩個人關係的經營，從結婚這一刻開始，要考慮的是整個家庭關係的經營，戀愛時很多經驗也用不上了。這個時候，如果還用戀愛時的狀態要求對方，而不是用婚姻的經營方式要求對方的話，兩人間就容易產生衝突。也許，邁入婚姻會讓你以為和這個人相處很有經驗了，但這種經驗卻阻礙了在婚姻生活中建立新的相處模式。

做其他事情也是這樣，很多新創公司徵才，並不想徵那些非常資深的工作者。因為新創公司要做的事本身就帶有一定的創新色彩，這些資深工作者固然很有經驗，但這種經驗也有可能成為學習新事物的障礙。與之相比，剛畢業的學生中，有些溝通能力強、願意學習的人，雖然沒有經驗，但也不容易受到原有經驗的蒙蔽，經過一定時間的培養，會成為對企業有用的人才。

當年我在做「黑天鵝圖書」這個品牌前，曾和下屬開了一個會議。當時大家對商管類圖書的印象，多半是大型出版社做的外文翻譯書，競爭出版社的優勢是有資金和成熟的產品線，因此幾乎壟斷了外版財經書的出版。但他們也有自己的劣勢，就是這些書雖然非常經典且有國際影響力，卻和在地實際情況不是那麼吻合。這時候我就要考慮一個問題：如何發揮優勢？做本土書的話，有沒有機會？

那時正是二〇〇九年到二〇一二年間，網路上活躍的意見領袖很多都是企業家或者財經名人。我就想自媒體時代是不是會讓本國企業家的商業思想，透過網路的發展大量傳播？專營做進口圖書的企業在這方面並不那麼重視，我們相對比較容易和這些企業家合作。

另外，分析這些財經名人的受眾，很多都是年輕的大學生。傳統的財經書價格較高、裝幀也比較精美。我讀大學的時候看過很多財經書，發現國外的作品論述一個觀點往往事無巨細，非常嚴謹，這其實不符合國人的閱讀習慣。我覺得如果把這些書做得通俗一點、本土化一點，會有更多人看。

我這樣分析以後就打算走差異化路線，我們的定價更低、包裝更活潑、更年輕化，內容要更加通俗，要找一些活躍的、願意在大眾當中傳播思想的企業家當作者。

在會議上，我說了自己的想法，很多工作經驗豐富的員工聽了我的想法，都暗地裡搖頭嘆氣，覺得商管書這個領域還是大出版社一統天下；我好好一個人卻做這樣的傻事，實在太不明智了。此時卻有兩個員工相信我的話，跟著我踏踏實實做了很多事，最後我們在這個版塊打出了一片天地。我想對他們說：「謝謝相信，相信能創造一切。」這兩個員工之所以能相信我的想法，恰恰就是因為他們沒有工作經驗，眼光不受到市場上已有產品的局限。

對新情況、新問題、新局面，舊的經驗可能失靈。如果我們不想被自己的經驗局限住，可以試試這樣的辦法：從已有的經驗裡提煉出一套方法論，再觀察當前的情況，看看使用這套方法論的時機是否恰當。照搬別人的經驗，可能無法應對新的情況；而對方法論的總結，可以帶來能力的提升，也就能從舊經驗找到新的適用場景。

我們發現羅振宇就是這麼做的。他之前發表了聲明，聲稱要用經營城邦的思維經營「得到 APP」。他認為自己在過去的一年裡把過多的資源和資金投入新用戶的推廣上，接下來要改變策略，重新關注老用戶的體驗，投入資源在體驗和品質上，而非投入在獲取新用戶的宣傳上。

「羅輯思維」最早是靠老用戶的口碑，從口口相傳中做起來的。乍看之下是一家公司的戰略戰術調整，但這卻是自媒體與內容行業的一個重要訊號：經歷初期大家拚命靠概念、靠噱頭、靠標題來吸粉的野蠻階段，如今面對越來越聰明的用戶，大家發現獲取用戶變得不那麼容易了。很多自媒體掉粉絲、掉追蹤、掉閱讀量的情況增多，做內容者最終將注意力重新回到用戶體驗上。

這說明在某個行業越是有豐富經驗，就越應該根據情況的變化調整策略，為老經驗找到新的適用場景。以書籍為例，隨著網路購書平台的興起，傳統的書店很多都難以為繼，因為在價格和便利性上缺乏與網路書店的競爭力。很多書店都試圖降低讀者的購買成本，提高便利性，為此做出了很大的改進，但還是無法維持下去。原因就在於再快也快不過物流，再便宜也便宜不過網路。

這是否說明書店就此就沒落？其實不然。眾所周知，如今很多注重體驗的書店越來越受到青睞。對很多人而言，進去書店坐坐，喝杯咖啡，已經成為一種生活方式，而且並不僅限於文藝青年。

比如連鎖書店「貓的天空之城」就在書店倒閉潮中逆勢成長，成功之處就在於為用戶提供了良好的體驗。在貓的天空之城裡，你可以喝上一杯咖啡，在優雅的環境裡與朋友會面，還可以寄一張明信片給未來的自己。借助於將下午茶和文化創意與書店整合，貓的天空之城不再只是把書店定位為買書的地方，而是一家體驗店。不只是買書，更是體驗一種生活方式。想要不被過去的經驗所困，就要有一種歸零的心態，為自己的方法論找到新的應用場景。

以個人的職場發展來說，一個人單兵作戰的時候，我只需要關注個人的業績就行了，但是在有了團隊之後，我就需要關注整個團隊的業績。所以有時候得到主管提拔的，未必是業績做得最好的人，而是有管理能力和潛在的管理意識的人。你不應只看到「我的業績做得很好，為什麼老闆不升我？為什麼主管不重視我？為什麼別人業務做得不如我，卻比我先升上去？」

如果你這樣想的話，說明你還是站在評估個人能力的層面思考。如果這時候你不歸零，不去學習，怎麼可能改變呢？怎麼能成為好的管理者呢？在你成為管理者後，老闆不是只看你的個人業績目標，而是看你的團隊整體業績目標。

家電品牌海爾集團的首席執行官張瑞敏說：「永遠戰戰兢兢，永遠如履薄冰。不要讓過去的成功，成為今天的牢籠。」用歸零心態去面對過去的得失，從經驗中總結規律，並為這些規律找到具體的應用場景，就可以讓我們在成功的道路上越走越遠。

思考也要對症下藥：找到真問題，排除假議題

戀愛成長學會的婚姻心理諮詢師曾經接到過一則提問：有個女孩和前男友已經分手了，但是還是藕斷絲連。這個女孩的前男友常常打電話給她，又不提復合的事。這個女孩想問，怎麼樣才能拒絕和這個男孩的聯絡？

這個女孩的問題看起來像是一個溝通問題，但是本質上問的是情感問題。說穿了，有什麼拒絕不拒絕的，如果真的想分手，不接他的電話不就得了嗎？她真正需要解決的問題是：她希望前男友對自己更好一點，甚至心裡還想著要和前男友復合，但是她卻把這種想法轉化為另外一個問題，回避了自己的真正欲望。

這個女孩實際上沒有看清自己內心的真正困惑。我們在界定每個問題的

時候，實際上也界定了這個問題的解決方式。如果這個女孩面對的問題真的是溝通問題，當然可以對症下藥，傳授一套溝通交流的話術。可是女孩對問題的界定並不恰當，好的婚姻心理諮詢師要找對問題的本質，才能有效解決問題。大家總覺得這種心態是因為選擇太多，實際上，往往是因為選擇太少，那個真正想要的答案沒有出現，你才會耿耿於懷。

試想一下，如果現在有個男孩，各方面條件都比女孩的前男友好得多，而且正在熱烈追求這個女孩，她還會猶豫要不要拒接前男友的電話嗎？

找不對問題所處的邏輯層面，提出的問題就會變成一個假議題。

「假議題」是個很有意思的概念。有的人或許會問：難道問題還有真假嗎？換句話說，你可以說一個判斷句是對還是錯，但你怎麼能說一個問題是對，還是錯呢？但問題還真的有對有錯。

比如一名女性總是疑心自己的男朋友，覺得他喜歡上了別人。想到這一點，她心裡很生氣，於是就問他說：「你和她是什麼時候開始的？」如果男友心裡並沒有別人，那麼他就無法正面回答這個問題，因為不管怎麼回答，都要首先承認自己已經和別人有了一段感情的「事實」。

追根究柢，因為所有問題都是基於某個預設提出來的，預設是問題的邏輯前提。

- **「你覺得我哪點不好？」默認的前提是「你覺得我不好」**
- **「你把屍體怎麼處理了？」默認的前提是「你當時在現場，和屍體的消失有關」**

這個預設可以是真的，也可以是假的。如提問的基礎是虛假的預設，那麼就是一個假議題。前面我們講到的這個女孩，她的提問中預設了「這個男孩想和我保持聯繫，甚至還愛著我」這個前提，所以才會問「如何才能拒絕和對方聯繫」這樣的問題。提問反映出了她的內心活動。

面對職場問題，很多時候也是一樣。有些朋友會問：「怎麼開口和老闆談加薪？」「老闆不升我職，我要怎麼開口？」當然不排除有些老闆的確會低估員工的價值，不過，有的時候反映出我們預設了自己的價值很高，但我們還要思考一下這個預設是否合乎事實。如果你為公司創造了更高的價值，那自然也能從老闆獲得的利益中分享更多。

把真正的問題提取出來是一種很有用的思維能力，很多時候，看似無解的問題就能因此迎刃而解。

就以編輯簽作者來說吧。對於喜歡錢的作者，就和他談市場、談版稅；對於在意自己聲望和公眾形象的作者，就和他談作品的行銷與推廣；對於有理想的作者，就和他談作品的社會價值與文化價值。

我曾經遇過一位沒有出過書的老先生，他對於出書這件事不瞭解，也不太感興趣，以上三種辦法對他都沒什麼用。最後，我帶著設計師去他家，展示了這本書完成後的樣子。老先生看到這本假書之後非常高興，和我們簽訂了合約。編輯在和作者約稿交流的過程，就是不斷發現溝通中的真問題，並解決這些真問題的過程。

在面對重大問題的時候，我也更願意思考，在人生有限的情況下，對哪個層面的問題更感興趣。比如二〇〇八年的時候，我的底薪相當於五萬。後來，我去了當時最大也是最好的出版公司，底薪降到了一個月三萬。你們願意降低一半的薪水做一份工作嗎？但是三年後，我從這家公司離開時的底薪是十五萬。創業之前，有兩家公司給我薪水，還有上千萬的公司股份。等我出來創業之後，不僅沒有了這些薪水，還需要投入一些資金。從一個月一、二十萬的收益到每個月要倒貼錢。這種創業致貧的事，你們願意做嗎？

不知道你們是否會做出和我一樣的選擇，但我願意這麼做。這些選擇背後的邏輯和我對人生的看法有關。在我看來，好的人生不是八十歲的時候，手上有多少錢。我覺得人生就是一場體驗，最有價值的事情就是活出精彩的自己。我想嘗試一下，看看我的人生和別人有沒有什麼不一樣的地方，我是不是按照自己的想法活的，這些問題對我來說很重要。很多人心裡只有一筆帳，就是眼下的金錢收益，他們看不到自己的能力得到提升的收益。在十多年前，我是圖書產業的策畫人，做出了一些暢銷書，後來有了自己的團隊，又要從產業的角度制定戰略。

如今的內容市場在不斷地變動，要考慮如何跳出傳統出版的模式。於是我開始嘗試做有聲書、線上課程。轉型的過程中要付出巨大的代價，也必須考慮這個代價我能否承受，如果承受得起就去做，這就是人生本來的樣子。

經歷了低谷才能到達巔峰，這就是一條拋物線。當你達到一個高度之後，往下降一點點，蓄積一下能量再往上走。如果我不願意放棄之前的工作，又怎麼能創立現在的幾家公司？

我想只有付出非凡的代價，才能成就非凡的人生吧。這些想法是我在其他問題上做出選擇和判斷的深層思考。所以，我很少會覺得困惑或者迷惘，我覺得只要能做有價值的事情，創造價值，專注當下，享受當下就很好。

希望大家在面對人生的大問題、小問題的時候，都能目光如炬，排除假議題，找到真問題。

越級思考的能力：用搜尋填平資訊鴻溝

我們學會有位學員最近進入了一家大公司，本來滿開心的，但是上了幾天班，他覺得和主管的溝通不太順暢。因為主管要他做開會的PPT。他本著「多做事，少說話」的原則，默默熬夜加班把工作做完了。PPT交上去的時候，原本滿心希望能得到誇獎，沒想到主管發了脾氣，把PPT說得一無是處，讓他灰心喪氣到沒有動力修改。

這位學員看似非常勤快，但我覺得他只是用身體上的勞累，回避心理上可能產生的疼痛。做事前和主管溝通的確有可能被挑剔，但為了避免被挑剔，他自己想當然地去做了。他沒有意識到，以前做PPT的想法可能是有問題的，可能是需要改變的。假如你遇到了類似的情況，至少要明白剛到新的工作環境，和主管的溝通可能比完成手頭的工作更重要。

對於一項工作任務來說，老闆是你最重要，也是首先使用的搜尋引擎。

我們的職業諮詢師問這位學員，你有沒有想過開始做之前，要先問一下PPT使用的場合，是給內部的主管，還是外部的客戶；主管用這個PPT想要呈現什麼，是展示已經完成的資料，還是展望未來期待達到的目標；主管希望的美術風格是高大上的，還是活潑的……這位學員表示，自己做PPT的時候，也曾經想過要問一下這些問題，但是看到主管那冷冰冰的樣子，到嘴邊的話又咽了回去。他說，自己從來都沒有和主管親近過，可能是嘴不夠甜，不會討人喜歡吧！

這位學員的心態很有代表性。很多人都會覺得，自己天生不會拍馬屁，也不喜歡討好，所以主管才不看重自己。其實，在完成任務之前和主管充分溝通，絕不是讓你討好主管，也不僅僅是在形式上對主管表示尊重。實際上，接到任務的時候，詳細詢問主管的意見，能夠讓你發揮更多的主動性，也在工作上有更多的主動權。

為什麼這麼說呢？老闆說要做一件事，你按照老闆的囑咐，原原本本地把這件事做完，在發揮最好的情況下，頂多也把這件事完成到百分百。但是如果你問了很多問題，弄清楚老闆做這件事的目的，就可以搜尋更多的可能性，為老闆提供替代性的解決方案。這樣不僅能隨機應變，幫老闆把問題解決得更好，還有可能給老闆驚喜。

安德列．卡耐基在美國賓州一座停車場工作，平時負責維護停車場的電路安全。一天早上，卡耐基到了公司發現停車場裡一片混亂。原來，停車場的電路故障，需要主管的簽核才能維修。偏偏今天主管家裡有急事，根本不在公司。因為改動電路不是一件小事，萬一錯上加錯，輕則要被公司炒魷魚，重則要為接下來可能發生的交通事故負責，所以所有的人都不敢替主管簽核。

卡耐基明白，如果電路故障持續下去，停車場有可能發生更大的事故。

此時，他挺身而出代替主管在文件上簽了字，關掉整個停車場的電源解決問題。後來，停車場排除了電路故障，沒有釀成重大車禍，上級表揚了這位青年，把他提拔到總公司工作。後來，他在職場上一路升遷，甚至到他原先根本不曾奢望的位置。

卡耐基之所以能處理好這件事，是因為他明白主管雇用他的真正目的，不僅僅是保障停車場電線的安全，而是保證整個停車場的安全。當一個員工明白自己實質的任務是什麼的時候，就會找到足夠多的 **Plan** B，確保主管的意志能真正得到貫徹和執行。

如果員工能把執行任務，提高到體會主管想法的高度，有利於發現任務的意義感，為自己和他人都帶來足夠的驅力。這麼多年管理內容策畫團隊的過程中，總會遇到一些這樣的人，覺得自己做的產品很沒有意義，整天說一些空話，出去和別人談合作的時候，心裡都沒有底，做這個產品像是浪費自己和他人的時間。

後來，我管理團隊時會使用一個方法，先發一張試算表給那些不夠理解工作意義的內容策畫人，他們看完表格之後，一下子就有了工作的動力。這張表格上密密麻麻地記錄著一個月以來學員們發來的問題，這些懇切的求助讓策畫感受到了每個不同個體，面對到工作問題和生活問題，他開始覺得自己策畫的產品真的能幫助別人，也明白了主管讓他策畫那些看似不切實際的選題，其實是很有意義的。

從此以後，團隊裡的內容策畫人在工作中變得非常主動，不僅僅是按照主管的安排行事，而是主動針對自己發現的學員問題，提出一些解決方案，然後再把這些解決方案變成產品。

所以，我們鼓勵員工發揮主動性，主動尋找和老闆不一樣的解決方案，並不是鼓勵大家在職場上「找麻煩」，證明老闆是錯的。相反，正是因為大家充分理解了老闆的想法，才會開始向內和向外搜尋，找到更有效率、更優質的辦法去解決問題，最終幫助公司把事情做得更好。

解決問題的分析方法

SWOT 分析方法的四個層面

	Weakness（劣勢）	Strength（優勢）
Threats（風險）	WT 綜合分析	ST 綜合分析
Opportunity（機會）	WO 綜合分析	SO 綜合分析

Chapter

4

把握關鍵：發現從「問題」到「行動」的有效路徑

搜尋的過程中，目標是一切的核心。圍繞合理的目標進行搜尋，連接最適合自己的資源，開拓更寬廣的未來。

認知勢能：
用高層次的搜尋，導航低層次的行動

有位朋友在補教機構當行政，簡單說，他的工作就是維持老師和家長之間的關係，改善家長的用戶體驗，促使家長們續報並購買其他系列課程。和他搭檔的是一位金牌諮詢師，這位諮詢師能說會道，有時候一天就能簽下一兩個客戶，帶來源源不斷的生源。按照道理說，他應該很感激這位諮詢師，但是最近，他卻和這位諮詢師朋友吵了一架。

兩個人吵架的原因是這樣的：諮詢師為了業績，常常對家長誇下海口，許下了很多不切實際的承諾。他會告訴家長，只要上五次課，孩子的成績就能提高三十分。很多當過老師的朋友一聽就知道，雖然不是完全不可能，但想做到這一點，需要孩子自身的覺悟等各種其他條件，不然根本無法達到這樣的效果。

但不明真相的家長往往就聽信了他的話，簽訂了合約。對行政來說，接待期望值過高的家長難度很高，很容易因為無法達到家長的期待而產生糾紛。這樣的事情多了，我的朋友對諮詢師搭檔越來越不滿。

這兩個人吵架的原因，是因為諮詢師僅僅從自己的職務職責出發，沒有考慮到公司整體的利益和需要。他只想完成自己的業績指標，而沒有站在整個團隊的角度看待工作的意義，從長遠角度來看，也損傷了整個公司的信譽和口碑。

再比如某個教育網站做了一個大活動，預期至少可以讓他們的流量增長十倍。數位部門一聽，馬上心潮澎湃：「十倍的流量，這在業績上是個多大的突破啊！」如果數位部門僅僅考慮自己，這個活動非辦不可。但從公司整體的角度來考慮，真的該辦嗎？還真的不行。

因為後端服務使用者的容量是有限的，承接不住這樣的流量，這麼多人一次性湧入，網站教學和諮詢的服務一定會塞爆；即使網站不當機，用戶也不會得到很好的接待。

如果每個人都從自己的職務職責出發，數位部門的訴求和客服部門的訴求就會產生矛盾。必須要站在公司整體的角度來看待自己的職務職責，這是因為公司的利潤體系是一個有機的整體。

在知識付費領域，有一個商業模式的公式：

營業額＝流量×產品×轉化率

只有在三者均衡發展的情況下，獲得的營業額才是最高的。轉化率要高，流量要多，產品要好，這才是一個良性循環，如果把流量拿掉，還有銷量嗎？如果把轉化率拿掉，光顧著衝流量，會有業績嗎？能賺錢嗎？所以大家是不可分割的，若非要各自為政去考慮問題，就會影響整個公司的效率。

無論是對於一家公司來說，還是對於一個職場工作者來說，都要眼望高處，腳踏實地。能站在動態發展的系統高度看到問題的全貌，是每個人都值得為之努力的方向。

英國思想家泰瑞．伊格頓（Terry Eagleton）在《美感中的意識形態》（*The Ideology of the Aesthetic*）中說過一個故事：

一個罐頭廠的工人，每天的工作就是幾秒鐘敲一下槓桿。過了幾年之後，這個工人偶然發現這個槓桿不和任何設備相連，不知道怎麼回事，大概是設計師搞錯了。結果工人當場就發瘋了。

這個故事說明，從整體角度看到自己工作的意義有多麼重要。

為什麼現在好多人都有周一症候群，每到周一就開始懷疑自己的人生？因為他們沒有用整體思維看待自己的工作，沒有從勞動中獲得意義。如果我們能從整體的角度來看問題，許多問題就比較容易得到解決。

我有個朋友最近很苦惱，因為最近工作忙，回家的時間比較晚，每天回去後，老婆都很不高興，和他吵架。明明因為工作晚回家不是什麼大事，為什麼老婆不能理解他、支持他呢？仔細想想，夜晚只是一天中的一個時段，覺得他回家晚，只是老婆對他的整體感受的一部分。

之所以會吵架，是因為老婆對他的整體感受，產生了「不可靠」的判斷；只是這種判斷在「晚回家」這件事上爆發出來。所以，我建議朋友，從整體改善老婆的安全感，而不是在回家時間這件小事上爭執，後來聽說很奏效。

想要在工作中突破單點思維，就要擺脫「我只做我的工作」的錯誤看法，在更高的層次思考問題。

平時編輯工作就是這樣，一個編輯不可能光顧自己，覺得「我生產的內容就是好，產品出來之後，負責發行和行銷的同事們必須幫我賣這本書」。對於一個編輯從業者來說，產品部分熟悉了，可以去瞭解銷售；圖書製作很厲害了，可以學習一下設計；寫文章在行，可以試試瞭解數位的經營。對各個職務都有了一定的瞭解後，團隊合作會更順暢，對很多事情的看法都會發生改變，做事的格局也大不相同。

如果你能站在整個公司的立場上，哪怕從很小的事情中，都能發現工作的意義。把小事當作大事來做，時間久了，就真的能做大事了。

就拿報帳來說，為了核銷的方便，主管可能會讓剛入職的員工幫自己報帳。你如果覺得報帳就只是報帳，僅僅是花費體力的繁瑣工作，那麼除了物理上的勞累，你不可能從中學到任何東西。但如果你能看到報帳這件事可以節省主管的時間，讓主管更高效地工作，他就可以花更多的時間來培養你，那麼你就會更加主動報帳。進一步，透過這件事，我們可以瞭解主管和什麼樣的客戶打交道，瞭解公司的客戶關係圈，透過這些資訊，可以知道自己未來要和什麼樣的人打交道。跟主管出去吃飯，也可以看看主管在什麼樣的場合吃飯，順便學一些社交技能。

所以，現在如果我讓別人幫我報帳，不僅僅是讓他做這件事，同時還要告訴他這件事的意義在哪裡。善於發現事物背後意義的人，同樣善於在小事中發現更多的可能性和機會。

如果你想要連接需求和資源就更應如此，你之所以能把資源和需求匹配起來，就是因為能夠站在產業鏈乃至整個行業的高度來看問題。合作過程中，你需要用你看到的這種意義，去說服兩方甚至多方通力合作，讓他們明白自己各自的優勢和位置。這不是靠ＥＱ就能辦到，而是靠著有意義的整體思維實現。

就拿我們公司來說，我們有圖書、輕付費、訓練營和教育訓練四大業務。我們所有的產品經理都在同一個群組裡，當部門的某個產品經理想要策畫一個內容產品的時候，就會去找其他部門的同事商量，比如說一起探討從什麼業務開始做，對打造作者的個人品牌最有利。

假設我們公司的某個項目是從一本書開始，這本書面世之後，就要著手開始做行銷。書籍的企畫編輯，也就是對產品和作者最熟悉、最瞭解的那個人，會基於內容本身，根據其他幾個部門的產品生產邏輯，給出一系列圖書行銷活動的策略建議；而這些行銷活動因為符合其他幾個部門的受眾需求，也是在受眾熟悉的場景中進行，所以不僅不會給用戶「廣告」的感覺，反而豐富其他部門提供受眾的內容，優化提供給受眾的服務。

現在，我要求公司的產品經理們，要盡可能多去利用其他部門、其他業務的資源；用得越多，說明你對公司整體的業務模式越瞭解，你的個人價值也就越高。我提供大家的建議都非常真誠，認為是對大家有利的，因為公司內部訓練的時候，我也是這樣要求所有員工的，他們也按照要求這樣做。總之，如果一個員工能夠不被自己的職務局限住，能站在公司整體的角度思考問題，就更容易在公司的內部和外部連接各種資源，同時也注意培養自己職務所需要的核心能力，那麼就更容易在職場上有更高的職位和更長遠的發展。

目標感：在人生的每個階段找到方向

之前，我們講到了要站在公司整體的角度思考問題。但同時也要提醒大家，不要一上來就想著什麼都學，一個人什麼事都去做。

就拿我們公司的一位同事來說，看看他的履歷，會發現他做過講師、社群經營、內容經營、圖書編輯，幾乎做過我們公司所有部門的相關工作。

按理說，應該對每個部門的需求都有一定的瞭解，和其他部門連接應該相對比較自如，也比較容易理解公司的整體目標，但是一開始我還真不想錄用這樣的員工。

為什麼這麼說呢？首先，他有可能受到以前經驗的局限，不去瞭解其他部門的具體目標。比如說同樣是內容經營，有的公司的這個職務就可能完全是以流量為導向的。在這種情況下，你去跟熱門關鍵字、做新聞的深度分析，都是非常有必要的，因為熱門事件能帶來很大的流量。

但是，從我們公司的整體目標而言卻不成立。因為我們希望給用戶帶來有利於個人成長的內容，希望他們看了我們的文章之後，真的吸取到一些人生經驗。所以我們的新媒體部門不會完全以流量為導向選擇內容，而是按照整體計畫，慢慢累積流量，不求爆紅。

如果一個有經驗的員工，沒有歸零的心態，不重新瞭解新的公司和新的環境，就會對其他部門的同事的需求視而不見，按照自己習慣的方法去做，這勢必會影響接下來的發展。

這名員工在講師、社群經營、內容經營和圖書編輯的職務上都沒有做太長時間，可以說每個職務都沒有很深的瞭解。你看這個人的產品的時候就會發現，他知道要去模仿一些優秀前輩的做法，但是由於火候不夠，做出來的東西比較似是而非。

比如說自己經營內容寫出來的作品，的確知道要透過模仿滿足常見的用戶需求，但明顯缺乏主動洞察用戶需求的意識。偶爾能在標題上仿寫出一些成功前輩的句式，也能看到最近大家討論的熱搜都有哪些，但是他只能做追隨者，如果你要他比別人快上半步，獨立思考，根據使用者需求下一個標題，他就做不到了。

像這樣的員工如果沒有主動學習的意識，反而不如剛入職場的新人。不過，這位同事在幾次具體業務上的碰壁、掙扎與疼痛，之後認識到了這一點，成功度過了試用期。

我承認透過洞察需求、連接資源，的確能夠讓一個人快速成長，這也是我們在這本書裡介紹這種方法論的意義。大家可以把這種能力植入你的職業生涯規畫，或者人生戰略的深度探尋當中，經常帶著這種思考去觀察、去思考，但不要操之過急，想著剛入職的時候就靠小聰明、靠關係，幾乎是不可能的。好辦法的確可以讓你比別人快上一步半步，卻不能代替你的個人思考、努力和累積。

如果每個人都想做資源掮客，賺輕鬆錢，不妨可以問問自己：「別人為什麼要找你？」假設你是連接了兩個不同公司的資源掮客，你幫他們做成了一筆生意，也拿到了傭金。但後來，他們可能會漸漸地發現，每次交易都要透過你，既增加了溝通的環節，又要付出額外的開支。儘管這樣做有點不厚道，這兩家公司在下一次交易的時候，跳過了你。這有點殘酷但符合經濟規律，在市場環境中，沒有人可以逆著經濟規律辦事，你也不行。

心急吃不了熱豆腐，我們回到做好事情的基本邏輯上來。能做好自己的職務目標，這個目標就好像放在眼前的魚；像自己的主管或者老闆一樣，拿著更高的收入面對著更高層次的事情，可能是你想要的熊掌。但是你要知道，能在自己的職務目標之外，看到公司的整體目標，並用這個整體目標執行自己的工作實踐，你就是用吃熊掌的思維釣魚。也許工作的前三年，你只能吃到魚，不過，當你務實把握當前的階段，以後你一定能吃到熊掌，一切只是時間問題。

最怕的是，很多人看不上魚，嫌釣魚累，容易眼高手低，看不起基礎的職務。你有再遠大的理想，也要懂得「思維可以在高處，腳一定要落到實處」。看到整體目標之後，再把目標拆解成最小的單位，那些看上去最笨、最基礎的工作，可能是最有效且必經的道路。

就拿業務工作來說，我常跟身邊的朋友說，千萬不要小看業務，搞不好哪一天你會發現你當年看不起的人就是今天的大老。有一個流行的說法：有一半以上的公司創始人，都是業務出身。想想李嘉誠、董明珠、宗慶後，都曾經做過基層業務員。一方面因為能錘鍊心智、練就好的心態、提升一個人的EQ，另一方面也是因為做業務的人更懂得觀察公司或個人的需求，也有足夠的能力去找到資源，滿足他們的需求。

一個從未工作過的人，不管因為自己的出身而占有有多好的資源，都很難一步到位，精準理解和掌握別人的需求。想要明白其他人的需求，乃至整個市場的需求，需要在工作過程中一步一步透過觀察獲得。

我有位朋友曾經是他們公司跑業務的，現在也出來開公司了。他在做業務的時候，除了和客戶建立良好的私人關係之外，還特別注意傾聽客戶在使用過程中遇到的問題和煩惱，並且主動努力去幫他們解決這些問題。

由於當時能力有限，職務也不允許他做太多的調整，最後這些問題可能並沒有完全解決。不過在這個過程中，客戶卻看到了他的誠意，於是他漸漸在客戶中累積了不錯的口碑。如果這位朋友想要做資源掮客的話，這種口碑就是他不可替代的個人價值。

如果魚與熊掌不可兼得，無論你再想要熊掌，最好的辦法還是踏踏實實地先把魚拿到手。千萬不要眼高手低，也不要一個蘿蔔好幾個坑。真正的長久之計，是在還年輕的時候，耐心堅持做一些看起來不那麼值得的事。

聰明人總能立刻發現最值得做的事情，能找到兩點之間距離最短的那條線，但我還是覺得，即使你是聰明人也要下一些笨工夫。

為什麼這麼說呢？因為聰明和笨相比，笨才是比較稀有的資源。世上從來不缺乏聰明人，當你有了一個聰明的點子，可能已經有千百個人都這樣想過了。但如果我們問一問這些人是不是都已經這樣做過了呢？恐怕人數就要少很多。

購物平台美團的CEO王興曾經說，網際網路進入下半場，要靠基本功取勝。這是因為在風口上，豬都可能飛起來，但等到風過去的時候，摔死的一定是豬。網際網路下半場的時候，要從最難的事情入手，越難的事情，做的人越少；越容易的事情，做的人越多。

一個聰明人可能會更快理解組織的整體目標，但是我們不提倡憑藉小聰明，在剛入行的時候就找又舒服又錢多的輕鬆工作。要知道，出來混，遲早都是要還的。基礎打牢了，不怕樓蓋不高。在一切順利的時候，你或許能藉著機緣和運氣碰來的資源賺到快錢，但隨著時間的流逝，如果沒有長遠打算，慢慢為自己累積不可替代的價值，那麼本來能夠獲取的資源，也有可能會慢慢枯竭。

所以，在具體的工作中，建議大家既要動腦思考，發現組織的整體目標；也要腳踏實地，把組織的整體目標拆解成最小單位，在最小單位的範圍內做到最好。這樣堅持做下去，就會打造出自己不可替代的個人價值。

腦力雲端共用：借力使力，才能毫不費力

之前，我們說了一個人應該眼在高處，腳踏實地，打造出自己的核心價值。在核心價值之外，達成自我小目標的同時，有時候我們必須考慮參與完成一些基於整體、相對複雜的綜合性目標。在這種情況下，我們又該如何處理自己與其他同事，或者各類合作夥伴的關係呢？

首先要知道，在職場中，不該你做的事，就應該交給別人做，你應該把自己的精力放在最重要的事情上。如果你真的想當一名斜槓青年，首先要盡可能高層次定義清楚自己工作職務的核心職責是什麼，然後以核心職責需要的能力為中心做延伸。

比如你本來就在從事編輯工作，需要比較強的文字基礎，需要對事物有

更多方面的感知力，還要較強的表達與鑑賞力。你在日常生活中，也可以考慮試著自己寫點東西，從不同角度提升自己的語言能力。

其實，有些管理者也同樣存在事必躬親、抓不住核心的問題。有個朋友曾向我抱怨說，他一年忙到頭，累死累活，整個公司才賺了一百多萬。我詳細瞭解了一下情況。原來，他的管理實在是太細緻入微了，原本應該靠員工自己解決的問題，老闆都親自解決了，反過來就會導致整個公司裡面沒有人願意思考，一切全憑老闆的吩咐行事。

《三國志》裡記載了這樣一個故事：

有一次，魏明帝閒來無事，想去看看臣子陳矯在忙些什麼。到了陳矯屋裡，看到他桌上擺著很多公文。

魏明帝也實在是閒，就對陳矯說，「我來看看這些公文好了！」這些公文對於魏明帝來說，當然也不是什麼機密了，沒想到陳矯正色拒絕了。他說，「看這些公文原本也不是陛下您的職責，您還是請回吧。」

無論是管理者，還是普通員工，都容易陷入一種自己無所不能的幻覺裡。人一旦進入這種幻覺，就有可能開始閉門造車了。在公司裡，工作往往是以團隊合作的方式進行的。當你進入一個團隊，一定要弄清楚幾個問題：

- **專案的目標是什麼？**
- **有哪些人跟你配合？**
- **你有哪些劣勢？又有哪些優勢？**
- **其他人各自都有什麼優勢和劣勢？**
- **每個人都應該發揮哪方面的優勢來完成這個項目？**
- **有哪些關鍵點需要掌控？如何防止專案執行的風險？**
- **如何認識你在專案中的位置？**

弄清了這些問題的答案，在具體進行專案的時候，才能做到心有乾坤、收放自如。和人配合，切忌一切事情都親力親為。當員工也是如此，即使你是為別人服務的，也不能替這個人解決所有的事情。

很多老闆都有自己的助理。有的助理當得很輕鬆，還受老闆賞識。有的助理卻當得很累，最後還吃力不討好，之所以會有這麼大的差別，是因為有些人掌握到助理的精髓，有的人沒有。助理的精髓不是「幫人處理事情」，如果助理可以把事情都搞定，還要老闆幹什麼？

助理的真正精髓在於「推力」，正如「九段祕書」這個概念所強調的，初級的祕書只能幫老闆做些後勤上的事，而高級的祕書則可以巧妙地推動老闆和相關負責人，做他們應該做的、更重要的事。

在我們內容出版行業，編輯和作者之間的合作也是如此。有些編輯的控制欲太強，約小說稿的時候，一股腦把創作大綱、框架，甚至每一個章的情節設定都幫作者寫好了，這種過度管理大大降低了作者創作的積極度和創造力。這其實是作者應該自己考慮的事，編輯要做的工作是幫助作者看清價值和定位，幫助他規避缺點、發揮所長，幫助他和讀者順利連接。

我為什麼強調的是「幫」呢？因為有很多不成熟的產品企畫，在和專家溝通的時候，忍不住就會越俎代庖，想要告訴對方應該怎麼做才對，比如「你應該怎樣怎樣」或者「你要怎樣怎樣改」等，很多時候，內容編輯和內容生產者之間的衝突，恰恰來源自「幫助他」或「要求他」這兩者之間的衝突。而當你想要幫助對方的時候，應該這麼說：「你覺得這樣改怎麼樣？我們這樣是不是會更好呢？」

我經常跟我們的產品策畫團隊說：「你們的工作和管理者的工作很相似，甚至我會要求你們比一般管理者做得更好。因為你們面對的是各個領域的權威專家或者德高望重的老師，他們並不是你們的下屬，你們彼此互為學生、互為老師，所以你們要有教練型管理者的藝術，又要有學生的好學心態。」好的領導者，往往更像是服務者，真正的高手出招，甚至感覺不到他什麼時候出的招。

每個人都不是全知全能的，我們不得不面對屬於自己的搭檔或者合作夥伴。如果你想要讓自己成為一個好的合作者，接下來，按照下面的這些方法做，你們的合作可能會更加順暢。

1. 讓對方認識到這件事的意義和價值

想要對方配合，首先可以讓對方明白這件事的意義在哪裡，他對這件事獨特的價值又在哪裡。舉例來說，我曾經和鐘錶企業飛亞達的前董事長徐東升先生聊稿子。他告訴我，他做了幾十年的管理工作，一邊實踐一邊學東西，看了很多的書，捐給公司的至少有一萬本。當時我深刻地感受到他是個有理想的領導者。聽他講自己讀書的經歷，感覺很興奮。

我迅速聯想到市面上有兩類作品，一類是偏理論型的教授專家型作品，一類是偏實踐型的管理者創作的作品，而徐總則是管理領域非常少見的、既有理論又能實踐的專家。

我告訴徐總：「這實在是太好了，像您這樣管過上千人的企業管理者雖然很多，但是像您這樣讀過如此大量書籍，並將理論與實踐結合的人不多。廣大讀者很需要您這樣的作者，為他們傳播管理知識，這將是非常有價值的事。」這樣一來，我讓徐總看到了自己的累積，與圖書市場的用戶需求之間的相關性。

2. 保持對方的熱情

還是用編輯和作者的配合來說，如果你想要作者不拖稿，配合你的工作，可以時不時地出現在他面前，讓他感受到你的存在。你和作者聊的不一定是工作，也可以時不時聊聊生活，分享一些趣事。

如果你夠有心，必定能從互動細節讓他間接感受到對創作的渴望與熱情。即便你沒有達到這個境界，重要的是要讓他意識到有人在等著他，這比罰款都有用。

3. 建立「動態平衡」

所謂動態平衡，就是透過控制某一物理量，使物體的狀態發生緩慢變化。是物質系統在不斷運動和變化的情況下保持宏觀平衡的狀態。

說得簡單一點，就是從你們合作的項目本身出發，一定有一些東西是不能變的。不能變的就去守住原則，可變的就和對方商量，看看怎麼調整。

在批評別人的時候，可以採用「三明治法則」，就是「肯定——建議——再肯定」。注意，是給對方建議，而不是直接否定對方，儘量不要指出事情是錯的，讓他自己體會應該怎麼做。如果能讓對方感覺跟你合作很愉快，甚至還得到成長，那麼他會非常配合你的工作。

4. 允許別人犯錯

在合作的過程中，大家的意見難免不一致，那麼要怎麼辦呢？

我認為只要是合作，一定基於達成共識的基礎上。專案的主導者要有一種包容的心態，在守住原則的前提下，把握進和退的邊界，只要影響不大，就不妨多按照對方的想法進行。因為你不是每一件事情都是對的，他也不一定每個想法都是錯的，所以要允許對方犯一些小錯誤，最後，他覺得自己走過頭了，還是會回過頭來聽你的。

聰明人未必要什麼都會，什麼都精。聰明人的聰明之處，可能就在於他知道要去找另一個能幫他解決問題的聰明人，用好的工作方法和溝通方式，在相互合作中把事情做好。

有效知識：找到應用領域，學習才能循環

讀書的時候，經常可以聽到身邊有人這麼抱怨：「真的不想學數學、國文、英語，這些東西學了又有什麼用？」如果你順著他們的思考想下去，單就學到的知識而言，學這些東西還真的沒什麼用。再跟著這種想法思考，不僅基礎教育階段學到的知識沒有用，就連上大學好像也說不上來有什麼用。

這樣的看法當然是錯的。一般認為教育所傳授的並不僅僅是某一門學科的知識，而是一種有邏輯、有體系的思維方式。以哲學來說，這是一門找不到任何實際應用領域的學科，可以說一點用處都沒有。

哲學系的朋友告訴我，他覺得學哲學的好處，就是發現任何問題，都可以用完全不同甚至相反的思維模式來解釋，因此對於各種不同的想法就會變

得更加包容。

事實上，找到知識的應用領域，能真正明白知識有什麼用，這是一種利用舊知識、產生新知識的能力，也就是俗稱的智慧。想獲得資訊，只需要在搜尋框裡敲上幾個字就可以；但想把知識變成能力，瞭解它們到底有什麼用，就非得經過刻苦學習和認真思考不可。換句話說，知識並不是天然就有用的，想把知識變成能力，原本就是一種更高的境界。

哈佛大學的政治哲學家邁可．桑德爾（Michael J. Sandel）說過：「學習的本質，不在於記住哪些知識，而在於它觸發了你的思考。」

當我們把死的知識，變成一種活的洞察力，就更容易看到別人因為司空見慣而無法察覺的新資訊，因而產生某種創見。

多年前，我曾經讀過一篇研究《紅樓夢》的文章。這篇文章指出邢夫人和王熙鳳雖然是婆媳關係，然而整部《紅樓夢》中，兩個人卻從未產生任何對話。這說明精明能幹又得寵的王熙鳳，和膽小怕事不得寵的邢夫人相處得並不融洽。這個說法可能是對的，也可能是錯的，但從大家如此熟悉的一部作品中，產生對人物關係的新看法，靠的就是用原有的生活常識在文學中找到用武之地了。

我們又要如何為原有的知識找到新的應用領域呢？今天就和大家分享一下我在這方面的一些看法。

我覺得讀書學習這件事，可以分四層境界。

第一層，就是死記硬背。

死記硬背裡面也有理解，不過可能只能理解一些字面上的東西。別小瞧死記硬背，這種能力是一種基本功。很多東西死記硬背的價值就如我們每個人張嘴可以來的九九乘法口訣一樣重要。

第二層，是理解邏輯。

讀書的時候，可以讓思考順著整本書的邏輯脈絡走一遍。讀到後來，理解可能會更深入，讓你能順著作者的思考，說出他沒有說過的見解。一般人讀書能讀到這一步，就已經很不錯了，不過可能也就止步於此了。

第三層，要把書中的內容內化為自己的經驗。

我們公司的編輯，都有聽過我們為內容產品策畫人這個職務開發的內部課程。在他們聽之前，我會建議他們可以在大腦裡製造畫面感，同時結合自己過往的實作心得筆記。別人做產品的時候產生的心得體會，可以拿來指導自己的工作，並且把這種指導融會貫通到自己的工作當中，在每周周報裡把自己對知識的運用寫成文字總結。這樣就不僅僅是學到一些知識了，而是獲得了一個專業技能包。

第四層，把書中的內容和別人的經驗得失相連接。

個人的經驗終究有限，如果你只把書裡的內容，運用到自己的工作生活中，那麼你最多只能在幾個有限的場景中驗證你所學到的知識。可如果你同時把學到的知識結合你看到、聽到的別人的經驗來一起思考，就可以看到在很多其他場景中，這一知識是怎麼運用的。

你的體會越深刻，能夠運用所獲知識的場景就越多。在這個過程中把知識變成經驗技能，再把經驗技能升級成底層規律的洞見，這就是一個把單點思維轉化成系統思維的過程。這種知識的轉化能力，其實也是一種搜尋力。

就拿職場指導和戀愛指導來說，這看似是兩個完全不同的方向。我之前和朋友做了線上情感婚姻知識學習的品牌「戀愛成長學會」，後來又做了現在的「個人發展學會」。一條在戀愛領域行之有效的道理，在職場領域其實也是行得通的。

比如說你為一個異性的付出，其實就是在拿自己的時間和精力在投資；而相親過程中第一次見面，也可以理解為一個人自我行銷的過程。戀愛問題和職場問題都可以切換，其他問題也是一樣。

當我們遇到問題想要去請教別人之前，不妨先問問自己：「你在其他領域是不是已經累積了類似的經驗？有沒有可能把經驗遷移到這個新領域？」

當你能把一條經驗轉化為一百條經驗的時候，就會發現很多問題可能不用請教別人。

反過來，如果一個場景中的經驗可以用在一百個場景中，那麼從一百個場景中得來的知識，也可以拼湊出同一個場景中的故事。比如說我在大學的時候，非常喜歡讀美國金融人物的傳記，最後我發現這些金融大亨的故事都是相通的，可能是互為故事配角的關係。看不同人物從不同側面講述同一個故事，很有意思。

發現事實背後的意義，有利於知識在不同場景之間的遷移。比如我平時會關注科技新聞，看科技新聞的感覺和追劇差不多。最近我看小米手機的發表會，發現雷軍把小米 Mix3 和華為的 Mate20 放在一起做了一個對比。以前雷軍並不會這麼做，頂多就是說友商的手機如何如何。可這次為什麼會指名道姓，說到華為頭上呢？說明這次的戰鬥對小米來說至關重要，小米有非贏不可的焦慮。

如果我只是簡單看到雷軍做了這件事，不去思考背後的原因，大腦就會覺得這個資訊沒有意義，就容易遺忘。只有當我們為記憶賦予了某種意義，它才能夠被使用。

對知識加以記憶是比較淺層次的學習，我們可以給知識遷移更多關注，對知識加上更深層次的學習，這樣做有利於把知識轉化為能力。當然，這種學習方法比單純地對知識加以記憶，要花費更多的時間。如果你要學習的領域對你來說是全新的，很可能會覺得在這個領域中讀第一本書的時候比較困難，因為新資訊量比較大。不過，只要堅持下去，等到你能夠把一本書和另一本書連接起來，能把一本書和另外一百本書連接起來的時候，進而把這一百本書中的內容應用在一萬個場景當中，這個領域得到的知識就很難忘記了。

總之，我們不會說某種知識學了沒用，因為使用某種知識本身也需要學習，才能有意識地實現。向外檢索，找到知識的應用場景，是比背書更高階的學習過程。

無解之解：有些問題永遠找不到答案，但仍值得思考

雪冠和很多學員一樣，在畢業之後非常迷惘。在上大學的時候，他不僅沒有混日子，甚至比其他同學優秀。他喜歡參加團體活動，熱愛運動，擔任過幹部，甚至還和社團老師一起辦過兩場校級的音樂會。活躍的雪冠畢業時，很快被一家公司錄取，在留學機構擔任諮詢顧問。但由於剛進入社會，雪冠對新工作不那麼適應，加上公司今年業績不好，於是他沒有通過試用期。

因為這次打擊，雪冠覺得自己突然失去了人生方向。家人建議他去考公務員或者國營事業，至少比較穩定。天性活潑的雪冠不喜歡這個建議，他覺得去這些單位無法按照自己的想法生活。他聽從家人的建議參加了考試，但

並沒有認真準備。

雪冠身邊的朋友鼓勵他去創業。雪冠明白自己的實力還沒到這種水準，創業的風險太大，也沒有志同道合的夥伴。

雪冠說：「其實找一份工作，以我目前的能力是辦得到的，但我就是不甘心，人生的意義究竟在哪裡呢？」

現在很多年輕人也像他一樣，畢業就進入了迷茫期。對於他們來說最大的困惑不是生存問題，而是意義問題。他們找不到學生時期那種激情澎湃的狀態了，做什麼都覺得無力，用網路語言來形容就是所謂的「廢」。

在我看來，這種面對大問題的猶豫不決，實質是不敢思考，不敢選擇，害怕失去的表現。因為你做一件事的時候，就喪失了做另外一件事的機會成本。

當你面臨一個重大的人生決策的時候，你可以先試圖描述它，描述得越細越好。然後你閉上眼睛，去想像、去體驗。很多人就是缺乏事先的調查，缺乏對未來工作場景的想像，才會陷入無限選擇的恐慌中。實際上，每個選擇都是在有限的範圍內做出來的。最好的辦法，就是先找學長或者學姐，問問對方現在的工作要做哪些事情，對自己的生活狀態是否滿意，未來有哪些期望和規畫等。用這種方式，你可以列一張清單出來，把自己有限的選擇中，那些不可能的選擇一一畫掉，剩下的就是你可以接受的選擇。

比如說你正在考慮要不要去學校當老師，不過你有晚睡晚起的習慣，而老師必須要早上六點起床。你可以嘗試看看自己能不能適應這樣的生活，如果不行，就趁早把這項選擇從清單上畫掉吧。

有句話說得好，少年壯志不言愁。很多人會覺得現實不符合自己的理想，自己的人生目標太大，現實根本容納不了。其實再大的目標還是可以運用這本書裡強調過的老方法：確定大的人生目標之後就開始拆分，把目標拆分成一個個的小目標。任何看似長期的、不可能實現的目標，經過拆分之後，看起來都會變容易許多。這個時候，你會發現自己當前所要做的職務沒那麼難，選擇也沒那麼少。

休閒時間，我喜歡和一位朋友打撞球，雖然我的球技不怎麼樣，但很有熱情。對方球技過人，每次我與他打球，十次有九次輸，而且贏的那一次也是他讓了我三個球。外人看來，和他打球是自不量力，不過我就是喜歡和他打球。為什麼呢？

因為在我看來，難道因為打不過對方就不打了嗎？如果這樣下去，一輩子都別想打贏他。於是每次我們打球後，我就告訴自己：「下次再比賽，只要我贏一把，那我就算贏了。」當我真的贏了一場的時候，我又告訴自己：「下一次，只要我贏兩場就算贏了。」慢慢地，我從最初場場都輸，逐漸演變成能和這位朋友打成平手了。

在這個過程中，我在心裡重新給自己定義了輸贏，更重要的是在每一個晉級的階段，我都覺得沒那麼緊張了，快感和嗨點時時都有。

不要為大問題所困，同時也不要為自己設限。

集團旗下有「抖音」的字節跳動CEO張一鳴說過這麼一番話：「把『不可能發生的事情』想成『理論上可能發生，但事實上還未發生的事情』。所謂浪漫就是如此。」很多時候，如果按照現在的標準對每一次選擇進行分析和判斷，可能會有遲滯性或者容易做出誤判。

所以，我們要專注自己的方向，懂得把視角放在未來，讓思考跟上趨勢，靈活運用既有的原則來進行假設。要堅信從未有過的，哪怕一個微小的舉動，都足以改變世界。

馬克．祖克柏就是一個很好的例子。面對十億的誘惑時，很難有人不動心。祖克柏就曾面臨這樣一個關於未來的選擇，這同時也是Facebook的轉捩點。二〇〇六年，當時的網路巨頭雅虎開價十億美元，希望全額收購Facebook。對於這家剛剛創立兩年的公司來說，這個條件不可謂不誘人。公司裡很多人，包括早期投資者和老員工都希望接受收購。祖克柏並不這樣認為，在他看來，Facebook更應該按照自己的節奏運作和發展。

當時，Facebook 已經占領校園，想通往更大的舞台。他們開發了很多新功能，並且找到了更大的意義：「連接全世界。」祖克柏決定按照自己設想的樣子打造 Facebook，拒絕收購。

他說：「讓人相信你的確很困難，因為很多早期投資者並非和我們站在一邊。在他們看來，投資一家創業公司，過幾年以十億美元的價格轉手賣掉，簡直是一筆完美的買賣。」現在，祖克柏是世界上最年輕的億萬富豪，身價達到千億美元。這就是擁有未來視角，把思維放在趨勢之上所帶來的豐厚回報。

對於人生的大目標來說，知道不等於得到。你知道未來的規畫很重要，哪怕一時找不到答案，也還是要去思考，但是你偏不那麼做，這其實就是在用原有的認知行動，就也沒有所謂的改變和成長。

當你認識到這樣做不好，並堅定地與自己的慣性戰鬥，在總結和歸納後的基礎上追求知行合一的時候，就是用更高的框架引導自己的實踐。

講了那麼多，接下來為大家再補充梳理，提供如下三條建議，希望你們能為自己設定人生大目標，並在不斷校準目標的過程中持續成長。

1. 足夠的內在動機

如果你想把事做好，最好有一個內在動機。動機不僅指純粹的興趣，也可以是功利性的目標。我們常說的「興趣是最好的老師」就是這個意思。俗話說得好「強扭的瓜不甜，千金難買我願意」。如果你找不到動機，可以為自己設置截止日期。畢竟，截止日期才是第一生產力。

2. 難度和能力要相符

如果難度高於能力，我們會沮喪和焦慮，因為會覺得壓力大；如果能力高於難度，我們會覺得無聊乏味，因為太沒有挑戰性。年輕人應該根據自己的實際能力決定自己要做什麼事情。這件事應該對你來說不太難，又不太簡單，剛剛好有一點挑戰性，又具有實現的可能性。

在工作中，意味著要設置合理的工作目標，即不要太難，也不要太簡單的目標。隨著自己能力的提升，逐漸把目標設置得更高，迎接更大的挑戰。

3. 即時回饋

事情的結果符合預期的時候，人的大腦就會產生多巴胺。如果你的行為不能很快產生正面的結果，正回饋也很難被啟動。即時回饋是十分重要的，它能促使你不斷將大目標推進下去。所以，一定要把大目標拆解成小目標。

一個年輕人對自己的人生進行規畫的時候，如果能夠用上這三點辦法，即使遇到了困難和挫折，也能很快調整自己，明確人生的方向。

什麼樣的人生才是有意義的？你想過什麼樣的生活？這些問題並沒有什麼標準答案。但只要能在工作和生活中思考、嘗試，相信你不會辜負自己的人生。

Chapter

5

結果導向：克服選擇障礙，面對紛繁複雜的選項時如何選擇

升級思維模式，才能找到更多、更合理的結果。

破局思維：找到打遊戲的感覺

一邊摸魚一邊上班和專心致志地完成工作任務，到底哪個更累？聽起來如果摸魚的話，就可以得到多一些休息時間，上班也會更輕鬆。然而事實卻並非如此。

英國雪菲爾大學的心理學家羅伯特・霍奇（Robert Hockey）認為，我們體內有一個機制，能時刻發出訊號，指揮我們該做什麼。發出這種訊號需要耗費一定的能量。偷偷打遊戲、滑手機是我們想做的事；完成當天的工作是我們必須得做的事。如果我們一下做自己想做的事，一下做必須得做的事，我們的心力就會不斷耗費在兩者之間的「拔河」上。我們工作時感到疲勞和這種心力的耗費有關。持續一整天聚精會神地工作，可能並不會覺得累，但時不時停下來摸魚，每隔半小時看一次手錶，很快就會陷入疲勞的狀態。

我在大學的時候，看過網咖裡幾天幾夜不睡打遊戲的人。這些人的體力已經嚴重透支卻不會感到疲勞，就是因為注意力被遊戲牢牢抓住了。這種高度集中注意力的狀態，在心理學上就叫作「心流」，適當的壓力，有利於我們進入心流狀態，找到工作的樂趣。

打遊戲的時候就是這樣，即時類遊戲往往一不小心就會掛，逼得遊戲者不得不全神貫注，把所有注意力都集中在遊戲上。但這種壓力又和真正面對生命危險時的壓力不一樣，既不會過大，也不會過小；不會讓我們徹底放鬆，也不會因為壓力而感到焦慮，一切都剛剛好。這種體驗會讓你進入愉悅的狀態。不過，只有少數人曾在工作中體會到這愉悅的感覺。

遊戲帶給人的正面影響，越來越廣泛被應用到人們的工作學習之中。二〇一八年，騰訊開始在「功能遊戲」領域布局，透過遊戲普及傳統文化和科學知識。還有一位擁有二十二萬粉絲的高中老師，為了幫考生應對考試中只占三分的文史常識題，把考點融入了一款穿越遊戲，透過遊戲網站發布給學生。這種做法就是為了把枯燥的任務化為遊戲，幫助每個人成長。

無論是個人還是團體，達到心流狀態之後，就能進入高效的狀態。當一個團隊中所有人都把注意力集中在同一件事上，就會達到集體的心流狀態。所以管理團隊，應該管理團隊整體的情緒波幅，當每個人的情緒都能交融到一起的時候，合作的效果就會更好。

如何讓所有員工在工作中發現樂趣，主動自覺完成工作，是值得每個管理者思考的問題。讓個人和個人間，團隊和團隊間，來一場小ＰＫ，就能營造出打遊戲的感覺，讓大家忘卻工作帶來的焦慮感，產生良性的焦慮感，把壓力變成正向的動力。

用打遊戲的心態工作，能讓我們用正向心態面對成敗。在工作中難免會遇到小小的挫折，其實沒有什麼大不了。就和打麻將一樣，無非就是把牌推倒了再重來而已。

「心流」理論之父米哈里．契克森米哈伊在採訪一位籃球選手時，聽過這番話：「球場是唯一重要的東西……有時我在球場上會想起一些煩惱，像是跟女朋友的口角，但和比賽相較一點也不重要。你可能為一件事頭痛了一整天，但只要比賽一開始，壓根兒就不記得這回事了。像我這個年紀的人經常心事重重，但打起球來，心裡就只有打球，其他的自然都煙消雲散。」

在心流的作用下，這位籃球選手忘記了勝負成敗，沉浸在遊戲般的樂趣中。

德川家康的家訓中，有句話是這麼說的：「人的一生有如負重致遠，不可急躁。以不自由為常事，則不覺不足。心生欲望之時，應回顧貧困之日。心懷寬恕，視怒如敵，則能無事長久。只知勝而不知敗，必害其身。責人不如責己，不及勝於過之。」

這段話可說是面對任何事情，保持心流狀態的心法口訣。我每次遇到事情的時候就想，再差也比在打零工的時候強吧？這就是起了得失心的時候，就拿自己的現狀和最糟糕的時候進行比較，以此平復自己的勝負心。

一個人應該調節自己的心態，像打遊戲一樣工作，當你覺得沒有什麼可失去的時候，做事的心理狀態就容易變好。當你把工作看作是遊戲的時候，注意力就會更集中，更專注於解決問題，而不是在挫敗感中和自己內耗。就算是遭遇失敗，也可以相對輕鬆走出自己的心理煎熬區，不讓自己縮回舒適區自我麻醉，及時向外搜尋，去主動尋找能夠幫助你的人及問題的解決方案。

沒有誰生下來就是遊戲高手。很多遊戲玩家，都是在一次次地失敗後，才慢慢提升了自己的段位。抱著遊戲的心態，更容易克服暫時失敗帶來的打擊，找到打怪升級的樂趣，體驗成長的快感。

找到目標：讓你腳踏實地的是對未來的合理想像

白沙在工作中遇到了讓他不開心的情況。他的同事經常在工作中偷懶，把事情都推給他做。每當主管發問的時候，同事說得還滿有模有樣的，最後年終看業績的時候，這位好像只會耍嘴皮子的同事不僅業績好，還拿到了獎金，金額比他還多。他非常非常生氣，覺得自己的辛苦努力完全被主管忽略了。

白沙的情況，其實就是沒有找到真正的因果關係。十八世紀的英國哲學家休謨（David Hume），曾經提出一個了不起的觀念，就是相關性並不等於因果性。

比如說，你每隔十五分鐘餵食鴿子一次，在某次餵食之前，鴿子恰好撲扇了翅膀。接下來，鴿子可能會習得這種「規律」，拼命撲扇翅膀以求更多的食物。事實上，鴿子所獲得的食物和撲扇翅膀之間，只有時間上的先後順序，沒有因果性。鴿子的行為看似不可理喻，實際上人類有時候也會犯同樣的毛病。

人類是靠因果性來理解世界的，即使兩件事之間沒有因果關係，人類也會在大腦中腦補出連結來。

一個女人為離婚經驗苦惱的時候，看所有的男人都會下意識鑑定這個人是不是所謂「壞男人」。布萊恩．李托（Brian Little）在《探索人格潛能，看見更真實的自己》（*Me, Myself, and Us*）書中說過：「你的妹妹為什麼一直因為離婚的事情苦惱？這是因為她用簡單的概念看待每一個人，『值得信任』或者『像山姆那樣會突然離開』，這樣減少了看待他人的自由度，因此無法重新開始新的生活，無法前進。」

當你覺得生活中的不幸，都是因為「壞男人」造成的時候，就是建立了虛假的因果關係，進而影響到自己關於生活的認知模型。真正的因果性有可能是隱藏起來的，原因和結果有可能不會在同一個時空中存在。那些你看起來毫不費力的人有可能曾經非常努力，也有可能正躲在你看不到的地方偷偷努力。

如果我是白沙，我會誠心誠意找這個同事請教，問問他：「為什麼你看起來比我輕鬆很多？你有什麼訣竅？」也許他會誠心誠意地教你，也許不會，但至少你努力嘗試了。

別人看到你很有誠意地請教這些訣竅，即使他不教你，也可能會有其他人指點你。如果你的模仿對象擺在面前，卻不知道學習，就相當於放棄了一個絕佳的搜尋引擎。

當然也不一定，世界真的很殘酷，可能沒有一個人願意教你，那怎麼辦呢？沒關係，我們可以偷師呀！你可以慢慢和他建立私交，多和這個人在一起。看看他平時是怎麼做的，自己揣摩之後再多模仿嘗試。說不定在模仿的過程中，你也會有自己的心得，最後做得比他還要好。

在職場中是如此，創業也是如此。記得有一位哲學家說過，成功的最好方法就是觀察走在你前面的人，看看他為什麼領先，學習他的做法。老話說得好，槍打出頭鳥，衝在最前面的反而有可能成為炮灰。美國的鋼鐵大王洛克菲勒曾經說過「打先鋒的賺不到錢」。

做一個精明的模仿者，好過一個熱血的創新者。等你模仿到了對方的精髓，再用自己能做到的微小創新，在新的適用場景中做到比他更好。這種獲勝的方式，我覺得可以叫作基於反向學習的「精準制勝」。

騰訊的「企鵝帝國」就是這麼一步步建立起來的。其實，很多網際網路巨頭都是如此，都是模仿國外的創新者。一開始，騰訊就是模仿聊天軟體ＩＣＱ起家的。然而，在ＩＣＱ眾多的模仿者中，只有騰訊的ＱＱ成了霸主。因為除了模仿之外，騰訊還是出色的改良者，提供了大量本土化的創新和最好的用戶體驗。

微信之父張小龍就說過：「QQ成功了，而ICQ卻死掉了；微信走紅了，Kik（一款手機社交軟體）卻至今默默無聞。對於應用性社交工具，核心價值是用戶體驗。微信的很多功能都在其他軟體工具上出現過。比如『搖一搖』最早出現在Bump上，這個軟體是讓兩個人碰一下手機來交換名片，在中國並沒有人知道這個軟體，而我們把它移植到微信中，第一個月的使用量就超過了一個億；語音通話功能早在二〇〇四年前後就成熟了，但也是在微信上才被徹底引爆的。因此，在某場景下的用戶體驗是一款網際網路產品能否成功的關鍵，而不是其他。」

從QQ到騰訊網、拍拍，再到騰訊微博、微信、各種遊戲，這些年來，騰訊鮮少是開拓的創新者，更多的是做精明的跟隨者，讓別人去創新，然後迅速跟進，借助自己的量和流量優勢實現彎道超車，這是騰訊的拿手本領。不過，千萬不要覺得有什麼成功是簡單的，看別人做起來輕鬆簡單的事情，可能別人已經下了很多年的工夫。

《射雕英雄傳》裡面有個讓人印象深刻的場景：沙通天這個小角色，看著歐陽鋒與周伯通兩個人抓到了靈智上人的要害，把他在空中擲來擲去，他覺得滿容易的，一伸手也要去抓。但他的武功，比歐陽鋒和周伯通那可是差了不止一點。這一抓，果然沒有抓住，反倒被靈智上人打了。

以前做出版的時候，我的老闆就拿著一本他社的書對我說：「你看這個產品做得很強，為什麼這麼說呢？從他的用紙細節就可以看出來，他在用紙和用色的過程中一定考慮過了不下幾十種方案。」看似非常簡單的一張紙和用色的選擇，真正的高手就能從中看出這麼多的門道。

所以很多時候，我們不能只是從表面看問題，當你的累積越來越深的時候，你就能看到更多的因果關係。找到別人的努力和相應的成功之間的連結，是為了發現自己的劣勢，保持虛懷若谷的心態，加速自己的成長。

為了順利找到劣勢，你可以嘗試將技能分解成不同模式的次級技能，透過對比和測驗，就能知道自己需要努力提高的是哪部分的技能。比如你的英語成績不好，英語分為聽、說、讀、寫，四個次級技能，你可以透過分別測驗，找到你的劣勢，然後透過學習來彌補。

古人有很多名言教育我們要保持謙虛。在我看來，很多時候謙虛不僅是禮貌問題，還是認知問題。僅僅看到別人在爆發瞬間取得的成就，有些人很容易心態失衡。找到事情背後的真正邏輯，看到別人付出的非凡代價與努力，對自己的成長可能更有好處。

通盤考慮：樣本夠多，結果夠準

樣本是做觀察和研究的時候抽取的部分資料，對於決策有很重要的作用。正是樣本規模的改變，導致了決策思維的改變。找到足夠多的檢索結果，有可能會完全改變對事物的判斷。

十七世紀人們在澳洲發現黑天鵝之前，所有人都認為世界上並不存在黑色的天鵝。但後來發現黑天鵝，打破了人們的觀點。黑天鵝的發現提醒人們：「使用歸納法認識這個世界是有邊界的，歸納法依賴於各種不同的樣本，你不可能指望一次找齊所有樣本，這在時空中的分布有可能是不均勻的，因此用歸納法總結出來的規律可能存在一定偏差，有可能並不可靠。」

長輩總是覺得已經成年的孩子應該找個「穩定」的工作。在他們的生活經驗中，體制內的工作最穩定，最不容易失業，也最體面。這是用歸納法總結出來的一套邏輯，在過去的確行之有效。隨著社會的發展，很多年輕人逐漸發現在大城市，體制內的工作並不是最風光的，只要有能力就不容易失業。長輩們的經驗只適用於某時、某地，並不是亙古不變的規律。所以說，時間是最大變數，隨著時間的增加，樣本的數量會逐漸增多，新的情況有可能會讓已有的經驗失效。

對已經存在的事物而言，我們要在夠大的規模中考慮樣本的數量。對於尚未發生、未來即將存在的事物，對樣本數量的考慮，會影響我們做事時的心態。夠多的樣本，意味掌握夠高的機率，只要一件事很可能會發生，那它就一定會發生。把這個法則運用到工作中，就是凡事只要策略對了，堅持下去就一定會成功，所以不要去在意暫時的失敗。

《快思慢想》中講過一道測試題。如果一個硬幣拋下來是正面的話，算你贏二百塊錢；反面的話呢，算你輸一百塊錢，輸和贏的可能性都是五

○%。如果這個賭局只有一次，很多人都會選擇賭一把，輸一百塊錢也無所謂。但如果告訴他們要賭一百次，很多人就會拒絕，覺得把一個賭局重複一百次，實在太瘋狂了。萬一，一輸再輸怎麼辦？

和很多人想像的恰好相反，拋一百次之後，贏的可能性是趨近於百分百。第一次贏的機率是五○%，第二次的時候就是七五%，因為有四種可能性構成的三種情況：一是兩次可能都是正面，那麼你就贏了四百元；第二種情況就是一正一反，或一反一正你就贏了一百元；第三種情況是兩次反面，輸二百元。所以贏的機率是七五%，只有二五%的機率會輸。所以拋的次數越多，其實贏的機率越大。這個賭局告訴我們，做事情不要過於注重一時一地一事的成敗得失。

我們曾經想把一個產品作為獨家賣給一個通路，但當時這個通路的負責人認為市面上已經存在這個產品的同類產品，所以一開始不願意和我們簽約。當時我認定這個產品的品質高於市場競品，也滿足了受眾的需求，未來的預期銷量一定不錯。

幾個月之後，果然這個產品開始熱銷。不僅在其他通路賣得很好，曾經希望以獨家形式合作的通路，反過來找我們分銷這個產品，結果也成了他們的熱銷品。如果我們因為受到了那家通路的拒絕，放棄了這項產品，就會失去這一大筆利潤。對於我們的整個產品線來說，這個邏輯仍舊成立。堅持內容為王這個基本價值邏輯，可以讓我們在具體的決策中不困於一時得失，減少很多徘徊和猶豫產生的麻煩。

也許我們開發的課程有些暫時沒有被受眾發現，但只要市場上需求存在，總體上來說，產品邏輯正確且優於市面上大多數課程，賣不賣只是時間問題。也許這款產品不賣，下一款產品就賣了。

再說一個反面的例子。一個中階管理者因為打算做一年就離職，所以他沒有考慮企業的長遠發展，帶著大家急功近利地做出成果，不顧企業的聲譽，把產品賣給不需要的人，短期業績是很漂亮，但最後不僅得罪了顧客，還耗盡了整個團隊的熱情。到後面，團隊疲乏不說，對個人的長期聲譽和企業的長期利益都有所影響。然而，在這個更壞的結果出現之前，事情表面上看確實是變好了。

考慮未來發展的時候，一定要儘量把時間線中的樣本考慮得全面一些。人的一生並不是做了什麼，就能馬上得到什麼。因為要先付出，才能等待回報的到來。好的人生應該是拋物線，不斷從一個高峰躍到另一個更高峰。你不從一座高峰走下去，要怎麼才能爬上另一座高峰呢？

前兩年我從前東家離開之前，老闆跟我說要給我很多股份，現在這些股份已經價值上千萬，我有朋友就會問我：「當年你離開，不是等於丟了一大筆錢嗎？難道不覺得遺憾嗎？」

我跟我朋友說，我一點都不覺得遺憾。當一個確定性的東西擺在我的面前，我能想像到在未來五年的時間裡，我的生活大致就是這樣的了，我失去了更多的選擇，被鎖死在那裡，就不可能有更多的可能性。

想要學會某個東西，道理也是如此。雖說最好在有限的精力、有限的時間裡面盡可能搜集全面的樣本，不過人的生命有限，實際上沒有足夠的時間去窮盡所有的樣本，所以學習要學其神，不要只學其形。

張三丰教張無忌太極拳的時候，先是要他記住每一招、每一式，接著要他把這些招式全部忘掉，忘得越乾淨越好。齊白石老先生曾經說過：「學我者生，似我者死。」西方文學理論家哈洛・卜倫（Haroid Bloom）曾經寫過一本書叫《影響的焦慮》（*The Anxiety of Influence: A Theory of Poetry*），這本書講的是為了擺脫前輩文學創作者的影響，西方的作家進行了很多艱苦的探索和努力。

學習就是要透過現象看本質，努力掌握最基本的規律，才能比別人多看半步。人們永遠會高估自己一年之內取得的成就，低估自己十年之後創造的可能。一個不被短期得失蒙蔽的人，心態上更容易堅持，可以走得更遠。

所以，不管是從人生的角度，還是從做事情的角度，如果你開始動手搜尋了，就要盡可能在最長的時間和最大的空間裡，搜集最多的樣本。否則的話，有可能會被研究帶離軌道。

結果分析：
只設一個引數，輕鬆找到最優解

在這個大數據的時代，大家都知道數據裡面蘊藏著豐富的訊息。訊息是這個時代最寶貴的資源。如何才能從數據中解讀出有用的資訊呢？本文以內容行業的數據為例提供一些參考，希望對你們有所幫助。

我記得之前排行榜的新書榜上有本書叫《埃及四千年》（*The Story of Egypt*）。有新編輯非常不解跑來問我，憑什麼這本歷史書能上榜呢？如果你是一個資深編輯，常年看數據，就會想起一本類似且銷量很好的書《耶路撒冷三千年》（*Jerusalem: The biography*）。這兩本書不僅在命名上、包裝風格上有類似之處，而且內容方面都寫的是神祕古老文明的歷史，說明讀者對這類內容一直都存在一定的閱讀需求。

這種觀察相對比較簡單，是把過去到現在已發生的數據與資訊加以抽象，得出一個結論。有的時候，我們利用資料是想尋求解決問題的方案，整體比對完之後，還是要運用「拆解術」，把一款產品加以拆分，分解到最小的單位，在這個不能再分的最小單位上，再和其他競品進行相互比較，最後得出自己的結論。

我們做線上的內容產品，研究使用者行為回饋的時候，會產生點擊、讚數等數據參數，這些數據可能與標題、內容的收穫感、轉化引導話術等方面有關。當某個環節出現問題，購買量出現下滑的時候，如果你只是粗略看感覺，不進行拆解的具體分析，可能一時發現不了問題。

我們公司是一家內容價值鏈串聯與整合的內容公司，宗旨一直是讓優質內容價值最大化，成就有影響力的人，讓迷惘的人不迷惘，讓優秀的人更優秀。在具體的業務上，我們圍繞個人成長有關的內容，做全媒體的開發，以全方位滿足各類專家、老師的需要，同時多方面、有層次地滿足使用者的學習需要。

所以，從商業模式角度來講，可以畫出由淺入深、滿足用戶需求的漏斗表，從免費節目、出版到付費產品，再到訓練營產品，最後到教育訓練與諮詢，會產生好幾個不同層次的數據參數。如果整體數據有異常波動，你要知道究竟是哪個參數對整體數據發生決定性作用，不拆解可能真的判斷不出來。

在這種情況下，如果你調整了所有的參數，改變了標題，改變了內容的風格，還改變了轉化的方式，甚至還調整了價格，這時數據出現了變化，就真的無法確定是哪個因素發生作用了。

所以通常我們會採取小步微調的方式，不斷優化整體的體驗，儘量一次只改變一兩個參數，其他的參數維持不變，接著觀察一段時期，看看這個參數是不是能對數據變化產生作用。

比如說職業精英研修班這項產品，過去一直都以九百九十九元的虧本價在賣。隨著產品逐步成熟，我們希望找到合適的價格與招生規模比，讓產品能逐漸盈利。後來我們逐步把課程的價格調到了三千元，課程的銷量不僅沒有下跌，反而還上升了。但當課程價格調到四千元的時候，課程的銷量就開始下滑，這期間所有其他參數都沒有變化。這個時候，大家就明白是價格對課程的銷量發生作用，三到四千的價格區間是目標使用者在當前階段可以接受的合理區間。

所以說，我們在看數據的時候，不要慣性地去看單一且表層的因果關係，而是要盡可能全面地看事物之間的相關性。喜歡在兩件事之間尋找因果關係是人類的天性；把一種現象歸因於唯一的原因，更是人類天性中的弱點。很多人總喜歡為自己的人生難題，找到一勞永逸的解決方式，就是這種弱點在作祟。

還是拿新書榜作為例子，有段時間新書榜上都是我們不熟悉的作品。要知道一本書能衝上榜，可能是由多種因素決定的，所以根據進一步觀察，我發現最近網路書店有針對這本書做特別行銷活動，書的作者還在辦簽書見面會。因為我天天看排行榜，過了一段時間，其他上榜的書都已經不在榜上了，這本雖然排名不那麼靠前，但還是在榜。於是，這個產品就具備了我們進一步研究暢銷價值的理由。我們會從整體出發再拆解到具體的要素，從選題的特質，包裝策畫的優勢，內容的價值性與傳播性等維度去逐一分析，越分析，我們對市場的掌握也就會越專業。

現在，我們的課程加入了與圖書的互動轉化模式之後，數據的複雜程度就更高了。其他出版公司或者教育訓練公司，或者專門做知識付費的MCN（Multi-Channel Network，多頻道網路的產品形態，在資本的支援下，保障內容持續輸出，實現商業的穩定變現）公司，他們相當於只有一個兵種。而我們是海陸空三個兵種作戰，全方位打內容市場。

在為老師包裝策畫的時候，我們就會去思考：是先出書好，還是先做課程好？從產品的生命周期的角度看，有了實體圖書之後，線上產品的生命周期就有可能變得很長，在這種條件下如何解讀各類數據，對我們來說也是一種新的挑戰。

最後要提醒大家，搜集數據資訊也是需要成本的。指標越單一，數量要求越小，數據準確性相對越精準，得出來的結論就更可靠，但每個數據的收集成本就有可能越大。我們追求的是以最高的效率達到可靠結論，所以如果能做到精確當然好，但最重要的是要權衡這樣做的成本和收益。

對於大部分人來說，在網路上找到未經處理的數據並不困難，但是想要在數據裡發現價值和資源，就需要不斷磨練自己的能力了。多留意數據要素之間的相關性，而非單一、表層的因果性，在長期觀察數據的基礎上，對數據進行抽象思考，就能從數據中發現巨大的資訊價值。

刪繁就簡：簡單，應對複雜世界的利器

有時候，我們搜尋到的結果可能是紛繁複雜的。那麼，從眾多的搜尋結果中挑出最令人滿意的結果就是一種智慧了。也許會有人說，我們要從這些結果中挑出一個最正確的，對自己最有利的，但我覺得這都是暫時的。當一個人面對一大堆搜尋結果的時候，能找到一個最基本的，並且能把基本的東西貫徹下去，問題就解決了一大半。

曾經有個念大學的年輕人要為自己未來研究選定方向，他的老師告誡他：「別再研究物理了，這門專業裡面的所有問題都已經被人研究過了。」

這個年輕人很喜歡物理，他考慮了一下說：「不，我還是要學物理。如果所有高端的問題都被人研究過了，那我學學基礎的東西就可以了。」後

來，他在學習基礎物理的過程中提出了量子理論，他就是量子力學之父馬克斯・普朗克。

任何一個領域，基礎的東西都是最基本的，同時也是最有效的。這些簡單的、基本的東西之所以被人一代代傳承下去，就是因為這些才是核心。

我在工作的過程中發現，有些編輯看完作者的稿子之後，覺得可以修改的地方很多，於是一條條提出給作者，還旁徵博引，給出很多佐證。編輯自己覺得寫得很充分，可是修改意見給作者之後，作者卻把稿子越改越差。稿子變差了之後，編輯提出了更多的修改意見，再改一版。改來改去，到最後還不如第一版。最後編輯無奈地說，還是用第一版吧！這種現象，在有甲方、乙方的工作關係中經常存在，在網路上可以看到很多吐槽。

這是為什麼呢？這不是因為編輯提的意見不到位，而是因為太到位、太細緻了，造成作者接受意見的時候，找不到重點。比如一位老師走上講台大發雷霆，說學生最近成績、紀律以及體育都表現得很差勁，全班接受完這番指責之後，還是有可能不知道該怎樣改進。

但如果這位老師簡單告訴大家，自己生氣的原因是因為全班期末考試考砸了，那麼全班都能很容易抓住老師想表達的主要觀點，也立刻知道自己該怎樣改進。

所以我當編輯的時候，一直都堅持一個理念，「少就是多」。傳達給作者的資訊要盡可能簡單；作者交來的稿件，能不改動的就儘量不改動。這也是符合很多人所喜歡引用的「奧卡姆剃刀原理」，它講究的正是「如無必要，勿增實體。」

當一些新編輯根據我的建議去做的時候，他們發現：如果想要和作者提簡單的要求，反而要想得更多。因為要把所有可能提出的建議都找到，然後把無關緊要的都去掉，只留下一條最根本的。這其實是一種從系統再到細節的思維方式，「先做多，再做少」。不論你做企畫、做文案、做創意，都需要這樣的過程。

如果你在專案開始初期，考慮得不夠充分，沒有經過思考和調查，憑直覺寫了提案，在執行的過程中，合作單位問你某個問題的時候，你可能就會手忙腳亂，有些資料需要現查，最後一次性能解決的事情，可能反覆做上好幾遍才能解決。所以，那些看起來很難的事情，可能很簡單；而那些看起來很簡單的事情，有可能反而很難。你在看到一些簡單的東西的時候，要問問自己是否需要保持敬畏心理。

很多看起來簡單的東西，其實是經過千百萬次嘗試後得出的事物背後的基本規律。瑞士設計師阿德里安・弗魯提格（Adrian Frutiger）在一九五七年為法國戴高樂機場設計了一款字體，經過九年的修改和調整，這款名為 Frutiger 的字體才開始公開發售，到現在已經形成了一個體系，包含 Light、Roman 等我們所熟知的字體。一個字體看似非常平常，就是一些黑色的線條，但是設計起來如此不易，就是因為在反覆的調整中，設計師也在苦苦尋找關於美的基本規律。

想要達到這種大道至簡的境界，就要刻意練習。這其實是從「熟練」到「生巧」的轉換方法，對於個人的提升非常重要。心理學專家發現，不少成功人士都是用「刻意練習」的方法完善自己，他們把精力放在「次級技能」，也就是不那麼熟練的技能上，進行學習，然後透過學習、回饋、調整以及專業的指導獲得提升。透過這種練習，他們的技能獲得了脫胎換骨的進步。

就拿打字來說。我們每個人都花了不少時間在打字上，但速度並沒有越來越快，如果我們每天花十到二十分鐘，聚精會神地打字，進行針對性的訓練，就可以讓你的打字速度比平常快。堅持練習一段時間，尤其是進行一些容易失誤的針對性訓練後，我們就能越來越快。這就是刻意練習的意義。補齊我們的弱點讓技能均衡，從而繼續往上，邁入新的高度。

需要注意的是，並不是所有的練習都是有效的，沒找到方向就只是在浪費時間。比如你用吉他彈一首曲子時，某個小節老是彈不好，你只要單獨練習這個小節就可以了，無須重複練習整首曲子。

我們瞭解搜尋力這項技能，讓自己有能力獲得更多資訊，並不是要空守一堆無用的答案，而是要在得到答案的時候經過揣摩，留下那些最有用的，再加以訓練。

思考也有ＣＰ值：答案太多，就等於沒有答案

有一位學員學歷是高中畢業，希望找到一份能在家帶小孩的工作。她有一定的行動力，第一份工作是做化妝師，後來因為覺得自己不夠漂亮、不合適，就辭職了。第二份工作是學了文書軟體後，在親戚的公司裡面當行政，因為性格不夠圓滑，不會奉承別人，又辭職了。接著又馬不停蹄地找了第三份工作，去做業務。對比相同職務的大學生，她覺得有點自卑，覺得自己能力不夠，還是辭職了。接下來，她考慮了考空大提升自己，還有資料分析、美容、園藝等工作，但也不知道選擇哪個工作比較好，最後陷入了迷惘。

我們講搜尋力這個話題，其實搜尋力最核心東西是目標，一個人最怕的就是沒有目標。我自認為是目標感非常強的人，在每個人生階段都有自己的

目標，會朝著每個當下的目標義無反顧地前進。

有目標的人照樣會走錯路，但沒有目標的話，即使自己走錯了路也不知道。走錯路沒關係，就怕你因為害怕走錯路，結果一直在畏畏縮縮待在原地，連岔路都沒走過。只要你有明確的目標，兩點之間直線雖然最短，但曲線可能會讓你走得更快。哪怕目標是錯的都沒有關係，不要害怕，至少在這個階段是有目的、有方向在做事的，而你在這個階段的累積，說不定在下個人生階段就能用上。

現在大家在超市收銀台結帳的時候，可以看見貨架上放著一排排箭牌口香糖。但很少有人知道，箭牌這家公司一開始根本不是賣口香糖的，這家公司最初是賣肥皂的，銷售的時候會附贈一袋麵粉。後來大家發現麵粉做得太好了，比肥皂還要受歡迎，所以箭牌公司乾脆賣起了麵粉。這次，箭牌公司仍舊發放贈品，贈送的物品是口香糖。結果又無心插柳，很多人都是因為口香糖來買麵粉的，於是箭牌又轉移了方向，賣起了口香糖。

箭牌公司的轉變看起來跨度很大，但實際上無論是口香糖、肥皂還是麵粉，都是普通人可以用得上的日用品；商品雖然變了，但箭牌公司原先的銷售通路和管理方式，都可以保持原樣。所以雖然箭牌的商品一變再變，箭牌卻能在自己原有的基礎上繼續經營，不斷發展。箭牌每一次重新找到目標，都專注於當下，結果越做越好。

對於個人的發展來說，其實道理也是一樣。

在大學的時候，我一直想進入房地產事業。當時，我認識了一位商學院的學長，在他的幫助下買了商學院的所有教材，透過每天去圖書館自學完成全部學習。畢業後，我想進入房地產業的時候卻遇到了困難，去參加學校徵才沒被錄取，去面試也沒通過。可能是因為我大學學的是編輯出版，專業不符，也可能因為我長得不夠高大帥氣，後來不得不找專業相符的單位實習。

我跟了一個民營書商做出版。那時候，我把當時帶我入行的老闆叫「頭兒」。他看我老是想著要做房地產，不喜歡眼前的工作，就跟我說了一番話，可謂是一記當頭棒喝。他說：「你不要覺得你做房地產就會開心，我告訴你無論做什麼，只要在一件事情上做出價值感，創造了價值，你的價值被別人看到，自己能感受到這種價值，你就會喜歡這份工作。」

後來我做到中心總經理之後，另外的那幾個中心總經理誰做得好，我就去學他們。我們團隊裡面的幾個年輕人，有做得不錯的地方，我也向他們學習。我想給年輕人的建議是：「你學習的那些榜樣裡面，既要有一個遠大的目標可以去追隨，也要有眼前的目標可以去挑戰。」

我現在創業開公司，仍舊會向我的同行學習。比如我的好友是知識付費節目「時間知道」的創始人，之前在優酷做了很多年影片節目。雖然他是我朋友，但有很多地方我都把他當作老師去學習。「十點讀書」的新媒體也做得不錯，我們也會向它學習。我們這些同行一邊相互交流，也一邊相互學習。我經常會看一些產業裡面的訪談、故事，看看別人是怎麼做的，只要做得好的公司，我都會去研究一下。如果你不去找找看產業中誰做得好，就會陷入盲目自我肯定的狀態，對自己很滿意。

所有的事情都是這樣，跟你做什麼工作沒關係。就算做房地產，整天房子賣不出去，你還會喜歡這份工作嗎？因為商業的本質是創造價值，只要你創造價值就能獲得成就感，用什麼方式並不重要。

無論你做出版還是做房地產都一樣，最重要的是能夠在其中創造價值。所有的東西都是殊途同歸的，所以做什麼沒有區別，只不過是一時的喜好，選擇了不同的起點開始而已。

我想說一個觀點：我們與世界之間，應該是一種雙贏的關係。這種雙贏可能不是在一時一地實現的，而是存在於每時每刻的發展過程中。

如果你用單點看問題，會覺得自己輸了很多次，但從長線的角度來說，只要能找到自己的發展方向，那麼每一次嘗試都有它的意義、它的價值，這些都是你的財富。

我不覺得每個人的發展軌跡都要像我一樣曲折。每個人都應該找到最好的自己，活出自己的人生。直到今天，我還在觀察房地產這個產業，這種觀察會讓我看到這個行業背後更本質的東西，比如怎麼去定位自己的公司和產品。

我一直覺得內容行業市場標準化的程度還不夠，我希望把這個行業變得更加職業化和專業化，讓內容文化產品和內容文化人才可以影響世界。回首工作這十多年，很多老下屬、老同事都在行業裡面做得很好，我輩只得更努力，莫辜負好年華。

不過，也有一些原則，在人生的每個發展階段都是通用的。比如一個人如果想要做得好，一定要去跟那些最優秀的人學。把最優秀的人當作自己的榜樣，取法乎上，至少能得乎其中。

如果你模仿學習的對象是 Amazon 和貝佐斯，只要能學到他們十分之一，甚至百分之一的功力，也已經很不錯了；但如果模仿對象是同一個辦公室裡的同事，他可能也就比你強那麼一點點，即使你達到並超越了他的水準，也就比他強一點點而已。我們要把自己的眼光放在整個產業，去向整個產業最優秀的人學習。

那些更厲害的人在人生的每個階段，都能實現自己理想中的目標。比如我們合作過的張德芬老師，是一位非常有名的暢銷書作家，也有自己的公司。在畢業之前，她想成為一名優秀的主播，所以她就朝這個方向努力。但後來她成了著名主播之後，發現這個工作不是她想要的，因為這份工作雖然能讓她和很多精英人士打交道，但是卻讓她沒了隱私。那要怎麼辦呢？

於是她又開始奔赴自己的另外一個人生目標，希望成為一個有生活情趣的家庭主婦。然後她又朝這個方向努力，有了愛她的老公，自己愛的孩子，住大房子、開好車，家裡也有保母照料。這樣的生活過了一段時間，她覺得太輕鬆了、很無趣，開始羨慕那些女強人，所以她又朝著這種方向去努力，最後成了IBM新加坡分公司的總監。再後來，她因為身體原因，不得不離開當時的工作職務寫書。你會發現她的人生，一直都是在動態的平衡中，追求自己喜歡的東西。

記得多年以前，我初識她的時候問過她一個問題。我說：「您重新再來一遍，還會選擇現在的人生嗎？」她的回答是：「會！」因為人生本是過程，每一個追求的結果都成了人生過程的一部分。

每個人都有自己的階段性目標，不用特地去和別人比。現在這個階段，我把公司的每一個同事當作自己的產品，希望看到團隊裡的每一個人都能變得更好。我覺得人和人之間就是這樣。我對你好，我幫你做了這件事，我不圖馬上就得到回報，這是一種情感的投入，也許他未來不會回報你，但也許他未來會回報你更多。

我抱著一種純粹的、向善的心態，即使這個人沒有回報我，相信也會有別的懂得珍惜我的好的人回報我，甚至不求回報地給予我。因為這世界相同氣場和價值觀的人，往往總會以一種奇妙的方式相連接，就如認可我的、作為讀者的你一樣。像比爾·蓋茨這樣的企業家，在事業成功之餘，現在花了很多精力為這個世界做慈善，這也是他們的人生階段所決定的。

回到我們每個人身上來，一個人的人生很漫長，也許你會覺得自己目標太多，每次定下的目標都實現不了，很挫敗。

這種情況下，我會建議你：不糾結和拘泥於變化，不斷地在每一段時間裡專注於最關鍵的小目標。也許你定下的這個目標，過了一段時間回頭再看，自己也覺得不是那麼嚮往了，或者根本實現不了。但找到自己的階段目標是一件好事，它能給你提供更多的動力和方向，讓你不會止步不前。也許最後你拋棄了這個目標，轉向其他方向了，但你在這個階段培養的好習慣、學會的技能、養成的思維模式，都會成為你一生的助力。

Chapter

6

系統思考：建立高框架人生，在限制中發現更多可能性

用搜尋到的結果指導人生，解決難題。

多元價值：找個副業，逃離死薪水

很多年輕人問這個問題：「看到同事有個外快來源，我覺得很羨慕。我也想做兼職，但是找不到途徑。怎麼樣才能不只拿那點死薪水？」

首先，我其實不大主張年輕人做副業。年輕的時候，最重要的還是把主業做好。投入夠多的話，做得好的可能性就更大。大家都知道一萬小時定律（想要成為某個領域的專家，必須經過一萬小時的練習）吧？我曾經面試過一個女孩，這個女孩很年輕，沒有太多的工作經驗，但我還是被那種年輕的銳氣打動了一下。

我和這個女孩聊得很開心，她說：「我將來要好好努力，不僅要超過行業裡的其他大老，我還要超過你！」

我問：「你加班嗎？」

她斬釘截鐵地說：「不加！因為我還有想做的副業。」

我對她說，有一位出版業的老前輩已經功成名就了，現在還每天加班研究主業，你覺得你能加速度超越他的話，會比他強在哪裡呢？

我自己不算聰明但應該也不算笨，我也會花很長時間學習。聰明人的確在最初進入這個行業的一兩年的時間裡，會在認知上領先一點。但如果你在這個行業裡面拚十年，大家的認知都跟上來了，這時候靠的就是努力了。不投入時間怎麼才能比得過別人？如果你把時間都花在和本業無關的副業上，最後有可能是主業和副業都沒做好，同時丟掉芝麻和西瓜。

如果你因為某些特殊原因，非要做個兼職，那麼我建議你可以做一些和本業有關的工作。假設我本來是一個老師，每天工作就是教書育人，那我就會在閒暇時間，在外面也教一些學生，那麼在潛移默化中也提高了自己的工作能力和教學水準。這樣的兼職，我覺得是值得鼓勵的。

那些跨行業的兼職適用於穩定性比較強的行業。比如你在大公司，做一個穩定的職務，或者一些行政類的工作，自己沒事寫點東西，在網上發表，這樣是沒問題的。

那些真正能為你帶來收入，還能長期堅持的兼職，往往是你的愛好所在。我們常常聽到一個人說「我的愛好是讀書」，或者「我的愛好是旅遊」。僅僅是喜歡把閒暇時光用在這件事上，在我看來這還不算是真正的愛好，頂多算是興趣。

一個人真正愛好某件事，會有強大的動力深入研究出一些獨到的東西，且在相應的領域能夠做輸出與分享。比如說你喜歡畫畫，那你是不是能和人說出繪畫的技巧？你畫的這些畫能不能賣掉？

當然，人也可以有一些跟工作沒有關係的興趣，這就是生活的一部分。比如說你的工作之外，你想做調酒師，調配那些五顏六色的酒，你能感到徹底放鬆，這也很不錯。再說，對生活本身的關注，能為你帶來一些創造性工作的靈感。

賈伯斯是產品設計領域公認的創意大師，但很少有人知道，像他這樣的男人會關注廚具。有一次，賈伯斯在逛梅西百貨的時候看到一套Cuisinart（美膳雅）的廚具，他覺得很漂亮。於是萌生了據此修改蘋果電腦外形的念頭。用賈伯斯的話說：「偉大的藝術品不必追隨潮流，它們自身就可以引領潮流。」

在擁有自己能徹底放鬆的興趣之外，還是要注意自己能力的核心價值是什麼。我自己在工作之餘會去打撞球，等有一天，我的撞球真的打得非常好，也許就能兼差教別人打撞球。但我很清楚，這只是生活的一部分，不是我安身立命的核心能力，也不會成為我重要的收入來源。

而收入提高，還是要靠核心能力的提升；個人的核心能力越來越強，意味著你可能創造的價值會越來越大。

人要怎麼樣才能充分瞭解自己的核心能力呢？首先，認識到自己的優勢和局限。我們每個人在找工作的時候，都要考慮到自己的身分標籤，這個標籤既是你的優勢，也是你的局限。就拿我來說吧，我學的是編輯出版，這個專業的標籤很強，很難找到其他行業的工作。我那個時候很想做房地產相關的工作，可是卻沒有合適的敲門磚。

如果我一定要找一份跨行業的工作，可能就要從別的層面證明自己的能力，或者是付出比別人更多的努力。所以說，在找工作的時候，明白自己的優勢和局限很重要。

其次，不要過於看重工作經驗。在剛剛踏入社會的時候，有些年輕人可能會羨慕那些工作經驗比較豐富的資深員工，工作經驗豐富的人求職會比較順利，但他也有自己的局限。在你什麼都不是的時候，擺在你面前的是無限的可能。越是經驗豐富，你選擇的餘地反而就越小。

所謂的工作經驗其實也是一種沉沒成本，如果你已經在一個行業裡面做了十年，你願意放棄現有的薪資待遇、經驗累積，從頭再來嗎？也許有些人願意，但更多的人可能是不願意的。對自己的優勢和局限，大家要有客觀的認識，用不著妄自菲薄。

最後，對自我的探尋是不可能一蹴而成的，每個人的成長都是不斷自我突破的過程，也是不斷重新認識新的自我的過程。一個人永遠不可能完全徹底地認清自己。世界在不斷變化，人也要跟著不斷變化。打敗速食麵龍頭的不是另一個速食麵品牌，而是外送平台。

我們探尋自我不僅是為了好好瞭解自己，還是為了順利適應這個世界。橋水基金投資公司總裁雷·達里奧（Ray Dalio）說：「如果你不覺得去年的自己是個笨蛋，說明你今年都沒有成長。」所以當你感覺過去的自我認知已經失效了，這反而是一件好事。

換句話說，在職場上想讓自己升值，第一步應該是先塑造自己的核心價值。最好不要為了逃離死薪水，而去做兼職。如果非要做一些副業，目的也不是為了單純地賺錢，最好和主業有一定關係。

找到你的價值：究竟是什麼決定你的價格？

有一句話說，一個人與其有錢，不如讓自己變得值錢。這句話有一定的道理。因為錢是身外之物，有失去的可能，但值錢的人，無論環境怎麼變換，總是有賺到更多錢的可能。怎麼讓自己變得值錢呢？先來看看行銷大師艾爾．賴茲（Al Ries）在《定位》（*Positioning*）一書中舉的幾個例子：

「安維斯在租車行業只是第二位，為什麼還租我們的車？因為我們工作更努力！」

「漢威聯合，另一家電腦公司。」

「七喜，非可樂。」

俗話說，你知道世界第一高峰是珠穆朗瑪峰，但世界第二高峰你卻不知道。同理，辨識度更高的自然是排名第一的品牌，而不是第二、第三。但透過合理的定位，七喜和漢威聯合這些自居第二的品牌都為大家所熟知，而安維斯租車也在一百九十多個國家擁有超過五千家門市。

在雙十一活動還是淘寶一家獨大的時候，京東就一直持續挑戰淘寶。後來京東的銷售額，果然遠遠超過淘寶之外的其他線上電商，成為整個市場中的第二名。

職場中也是這樣。根據自己的各方面條件，給自己一個合理的職場定位，比較容易打造自己專屬的職業標籤，以後的路也會越走越順。就好像羅振宇等於「羅輯思維」。

說白了，搜尋力也是一種能被別人迅速找到、迅速發現的能力。有了這種能力，就可以更有效率地連接各種資源。過去，資訊的傳播成本比較高，只要在一個很大的平台，其他人可能就會因為平台產生的光暈效應選擇你。

現在社會已經走向網路時代，各類搜尋引擎、分類資訊、大數據網站的存在，核心目的就是要消除資訊對稱。在過去，可能專業的資訊和數據都掌握在少數人手裡，現在所有人都是平等的。你和我都是網路上的一個連接點，都有同樣的機率連接資源。在這種情況下，一個人的核心價值在哪裡？就在於他是否能更加有效地去連接資源。

一個人連接資源的能力，決定了他的價值，這包括三個層面。第一是看一個人連接的資源是不是夠多，第二就是看他連接的資源是否足夠優質，第三是看他連接資源的方式是不是夠高效。出於這樣的原因，在網路時代，你一定要打造自己的個人品牌。你的標籤越清晰，優勢越明確，對接資源的效率就越高。

想要打造你自己的標籤，就要在一個點上不停地深挖，才能更精準地連接資源。比如說我找財經作者，有些時候會借助財經記者的說明。大家願意幫我，是因為我在這個領域已經深耕了很長時間，大家知道我是產品企畫，我在他們心中已經有了一定的標籤，所以在和他們的交往中就很容易建立起信任關係。

很多時候，你的搜尋能力也就等於個人的品牌價值。我記得之前和飛亞達的徐總溝通的時候，他講到一個觀點：「一個人的機體組織裡面，九〇%的機體組織都是向內用來內部協調的，只有一〇%的機體組織是向外用於外部條件反射的。」

這個觀點說明我們提升自己的搜尋力，並非不停地找關係。一家公司想要塑造自己的品牌，光花力氣在外部行銷上肯定會垮的。對於一個人來說也是一樣。那些很厲害的人，看上去好像每天都風風光光站在聚光燈下，但實際上我們看到的只是那向外的一〇%而已，而他們剩下九〇%的精力，都是花在自己的團隊建立上，花在自己的公司管理上，花在自我的精進上。

我覺得大部分厲害的人都是這樣，他們並沒有花很多的時間在應酬上。我雖然不是什麼強者，但我也一直是這樣。很多人感覺我在這個圈子裡認識很多人，好像天天在交際，但瞭解我的人都知道，九〇%的時間不是待在辦公室裡和內部團隊交流，就是待在家裡面改稿子。其實我是一個不善於也不喜歡社交的人。我不會喝酒，基本上不去參加圈內的活動，但是，我卻依舊可以跟很多的作者合作。

我在內容行業那麼多年，接觸過很多厲害的人，比如潘石屹、李開復、樂嘉；我之前做黑天鵝圖書品牌的時候，陳志武老師、時寒冰老師，還有宋鴻兵老師等一系列商業財經作家都曾經和我們的團隊合作出版，但其實我跟他們的交流並不多，也不一定很熟。

身邊經常會有人跟我說，既然你認識這麼多很厲害的人，那你為什麼不跟他們多打打交道呢？我反問他們，當你本身的能量沒有到那個程度的時候，就算跟再厲害的人搞好關係，他們又能給你什麼樣的好處呢？

所以我說資源是個假議題，因為只有當你具備了相應的能量和氣場，可以用得上所謂資源的時候，才叫資源。你用不上的東西其實算不上資源。即便有一兩次別人幫你也很難持續。

我在面試的時候，經常會遇到一些人，他們在這一行裡做了幾年，認識了一些作者，覺得自己人際關係資源很豐富。這種時候我就會告訴他們說：「我要你忘掉你所有的資源。」

為什麼？因為如果我們要做到投入和產出的最大化，就需要找到最好的、最合適的資源，而如果你只看著自己手裡的資源，那你在產品開發，在開拓作者上，很可能無法有所突破，你會被你的資源所束縛住。

當然也會有人說，我什麼資源都沒有怎麼辦？我覺得沒關係，沒有資源反而更好。因為正是因為你還沒有開始，那麼你會更注重拓展資源的方法，你做任何一個領域的資源開發都有很大的空間，正所謂「無所有即無所執」。

不論你做什麼，都要打造好自己的標籤，經營好自己。當我們站在更高的層面，最大限度地把觀察對象抽象化，建立事物之間最頂層的相關性，不要被自己已有的資源局限住。當我們能站在更高的層面看待所謂資源，並把這種思想和自己的日常工作結合起來，堅持一段時間，你就會發現不是你去找資源了，而是資源來找你。

找到價值的放大器：人人都是自媒體

在我們的職業經理研修班中，有一位基層外科醫生說，他覺得現在的工作按部就班，沒有什麼意思，讓他覺得自己的人生一眼就可以看到頭，也沒有機會創造更多的收入。因為他的職業的特殊性，決定了他很難在其他行業找到發展機會。所以來找我們幫他分析一下，要怎麼樣才能放大自己的價值。

我覺得他的問題可以從幾個角度來談談。

第一點，當你進入這個行業的時候，有沒有從更高層次定義這份工作？你是不是發現了這份工作的意義，是不是因此熱愛這份工作？比如我們做出版行業和人家自我介紹的時候，可能就會說「我啊，就是個做書的」。

但如果你從高層次來看，找到了這件事的意義，你就會知道，自己的工作是發現價值並傳播出去。那麼外科醫生的意義又在哪裡？應該是幫助很多的患者恢復健康，對吧？那麼你的價值就不僅僅在於問診和手術，還在於解決病人的健康問題。

第二點，如果你真的找到了當外科醫生這件事的意義，並且熱愛這個職業，那麼你就可以借助網路找到放大自己價值的方式。

比如可以向大眾傳播一些醫學知識，教大家怎麼避免和應對健康問題，那麼你就不僅僅是在一家醫院為一小部分人服務，而是在更大的平台上為更多人服務。使用的技能仍舊是你的專業知識，只不過把這些知識分享給更多受眾。當你有了自己的品牌，在業內的影響力也會更大，這對你的本業反過來是一種推動，也有利於你在本業職務上得到晉升。

第三點，也有的時候，你覺得自己做的這個行業真心無感，想要另起爐灶，進入一個新的行業。我合作過的一位作家馮唐老師，他曾是華潤集團的高階主管，還是北京協和醫學院的醫學博士，同時也是暢銷書作家。像這樣的人橫跨了多個領域，但都能做到最好。世界上九十九%的人都無法模仿這樣的職業規畫，如果你還是想跨界，又要怎麼辦呢？我的建議是腳踏實地，不要去模仿那些有極端特質的個別案例。

你要明白，自己從事這個行業所需要的核心能力是什麼，這些能力又可以向哪些方面去遷移。比如我們現在公司的總裁、六人行圖書的創始人石姐，她是四川大學法學院畢業的高材生，十幾年前在廣東上百億的集團公司做高階主管，擔任財務總監，是公司決策的三巨頭之一。法學專業需要嚴謹的邏輯思維能力，而做財務總監也需要這樣的核心能力。她在十幾年前的這次跨界，本質上是一種核心能力的遷移。

同樣，如果你是一位外科醫生，但你不想在此基礎上擴大自己的品牌價值了，那麼就要問問自己：「透過從事外科醫生這一職業，你獲得了什麼思維方式？這種思維方式能不能遷移到別的職業上去？」

現在，我們做知識付費，也是想要找到願意在本來的專業領域，放大自己的專業價值和品牌價值的各類專家、學者與作家。我們想要找的老師，一般符合下面五條標準：

1. 在自己的專業領域有一萬小時的累積

能在自己的專業領域有豐富累積的人，相對來說已經具備了一定的權威性。這樣的老師不一定有大眾知名度，但該社群裡一定會有人知道他、認可他，這樣就能確保他生產的內容，具備一定的價值基礎。

2. 是不是有足夠的合作精神

這是一個合作制勝的時代，好的內容產品的全方面打造，依賴分工的專業化合作。再好的內容策畫人，遇不到配合的老師，最後出來的產品也不可能成功，最後往往事倍功半。

3. 他有沒有足夠的時間做這件事

不管是當老師，還是作為寫作者，都需要投入時間淬煉，方能把兼具價值和市場的內容產品修整成型。所以，除了願意傳播自己的東西之外，還要看看這位老師有沒有足夠的時間，配合內容傳播的工作。這也是老師有誠意和我們合作的表現。

4. 在領域中的標籤屬性

一個人講的東西必須有自己的特色。一個領域中可以說得上名字的行家成千上萬，為什麼要聽這個人講，而不是那個人講呢？

這種特色可以是內容方面的，比如從一個角度對內容加以深耕；可以是說法方面的，比如這個人的情緒感染力特別強，和比較理性的演講者相比更有優勢；還可以是講者本人的，比如他的經歷曲折，可能對有些領域的思考就會比別人深刻。

5. 他是不是熱愛傳播

有些人不僅有豐富的專業知識，還樂於把自己的專業知識傳播給大眾，而且口才和表現力也都很不錯。又或者，他是否有強烈的傳播意願，願意把自己的想法分享給別人。他是為了做這件事才去做的嗎？還是對這件事有長遠的規畫？關於這一點，聽眾和編輯一樣都能夠感知到，一個老師的態度和靈魂，很可能就決定了他的產品的好壞。

這五條標準中，第五條是最關鍵的。因為如果是真正熱愛某個行業的人，哪怕開始時能力不是那麼強，只要持續努力下去，也會因為飛輪效應，產生奇跡般的效果。

飛輪效應（Flywheel Effect），指的是為了使靜止的飛輪轉動起來，一開始你必須用很大的力氣，一圈一圈反覆推，每轉一圈都很費力，但是每一圈的努力都不會白費，飛輪會轉動得越來越快。達到一個很高的速度後，飛輪所具有的動量和動能就會很大，要使其短時間內停下來所需的外力便會更大，便能克服較大的阻力維持原有運動。所以，我們在找老師的時候，我們會圍繞著這五條標準去找。用這些標準去篩選出那些有專業價值，並且也願意放大自己的專業價值的人。

總之，網路時代每個行業的從業者，都有放大個人價值的機會。如果你能在自己的職業中找到意義和價值，持續挖掘下去，不僅能提高自己的收入，對社會的貢獻也會更大。

人生的價值：每個終極問題，都可以找到具體答案

最近，我們公司做了一個很有意思的選題《好關係，是麻煩出來的》，也就是說，一個人越是麻煩另一個人，兩個人的關係就越好。之所以要做這個選題，是因為發現現在的年輕人，越來越不願意欠別人人情了。仔細分析一下這種心理，其實是把人情當作一種信貸系統來看待。

很多人說「我不想欠你的人情」，實際意思是「我不想在未來基於這份恩情，給你任何的回報」。單純不想被別人幫助的人應該是很少的，很多人是把人情當作一種債務，當作一種負擔，好像只要欠了別人的人情，就會被情感綁架一樣。

我知道，今天你為別人付出的一切，不可能從每個人那裡得到等量的回

報。人與人之間，永遠都無法達到絕對平等，所以不要把恩情看作是一種債務系統。你幫助一個人，不要指望從他那裡得到均衡的回報。但是，這種回報在更大的系統中會獲得一種均衡。不是被你幫助的那個人回報了你，而是整個系統都在回報你。

比如說我一開始覺得，跟一個人工作就要跟到底。於是我把以前帶我進入出版的大哥當作老大，我對他說：「老大，我覺得我這輩子跟定你了。」沒想到，我的老大說：「你別這麼想，我知道你現在是真心的。但是世界是會變的，人也是會變的，對吧？我知道你是真心這麼對我說，但你未來一定做不到一輩子跟著我。」

我後來漸漸理解了這句話。

我們的合作夥伴曾經對我說：「你不要覺得我幫你，你不好意思，我告訴你，我幫你是因為你值得幫；是因為我相信你未來會更好，那麼你未來可以回報給我更多。」

後來，在我的生命當中，我也成就了很多人。很多我成就的人，沒有說要給我等量的回報，但是我可能從其他人那裡獲得了回報。從更大的角度來說，我的付出是有回報的。這也是一種格局。

很多時候，我們要去堅持一些基本的、對的事情。受人恩惠也是一樣，要有感恩之心，但不要在人情上過於受限。基本上來說，一個人只要是簡單的、向善的，就不會有太大的問題，這個人的路就會越走越寬。

曾經在網路上看到一段話：「第一，資源是稀少的，包括注意力、信賴、金錢、權力、美譽、情感、智慧以及好的性。第二，資源是長腳的，會自動向能駕馭它，發揮更大效用的人手上彙集。這個過程往往無關乎正義、道德，可能血淋淋，可能會傷及無辜，但無法阻擋。」瞭解以上兩點，能讓我們免於狹隘、偏激、自欺、懶惰和公主病。

我們大多數的人生之所以困頓，是因為我們不知道什麼才是自己生命裡最有價值的東西。讓生命遵循一些值得堅守的基本，那是你應對不安世界的利器。

我很喜歡我們個人發展學會所秉承的五點價值觀，在這裡再次分享給所有與我有緣的人：向善、簡單、生猛、疼痛與意義感。

為何說向善？因為當我們抱有最大的善意看待一切的時候，就會擁有這個世界盡可能多的善；用最大的惡意去揣測一切的時候，就可能錯過這世界盡可能多的善。沒有一個人會永遠刁難一個對自己沒有惡意的人，即便有一時為難你的人，但請你相信沒有一個人會永遠拒絕你的好。當我們向善的時候，就有可能更好好做自己，精進自己。

為何說簡單？簡單，可以幫助我們篩選惡意。用簡單的心態，有話直說，敢想敢做，是職場工作者一輩子的修行。工作中很多的人情世故，不是我們考慮得太少，而是我們考慮得太多。這樣我們在解決問題本身時，反而考慮得少了。用簡單的心態更容易聚焦於如何解決事情本身時，很多我們以為的問題往往不是問題。

為何說生猛？你有多自信，世界就有多相信。這個世界我們所有的一切都可以失去，唯一不可失去的就是對自己的信心。生猛地活著，可以讓我們永遠保有捕獲機會的敏銳。也許有人會說，可是我什麼都不懂，憑什麼自信呢？但你可以反過來這樣想：「還有那麼多不懂的，不正好還有那麼多可以學習的嗎？」當你沒有自信的時候，發現自己不足的時候，反而是件好事，這說明你還有很大的成長空間。

為何說疼痛？很多時候，人會用肉體上的疼痛，去回避心理上的疼痛。成長本身是一個疼痛的過程。從我們出生的那一刻開始，不論是走路還是說話，都是不斷跌倒，不斷犯錯，不斷在疼痛中進化。每一樣能力的獲得都伴隨著疼痛過後的喜悅。很多人都會希望自己的生活狀態是沒有痛苦的，可是不知苦怎知甜？體驗過成長疼痛的人，因為有對比，所以往往能體驗到更大的幸福，也更懂得珍惜。即便在這個過程中，你丟失了自己原本擁有的東西也沒有關係，重要的是你曾經在那個場景中得到過、享受過。

為何說意義感？發現意義感就是發現更多的可能性。每一件事情都有它的意義所在，善於發掘意義感的人，從來不會覺得自己做的事情有多枯燥和無聊。當你請求別人配合的時候，能夠懂得別人配合背後的意義感，並且能讓對方深刻感知到這種意義感，你已經讓自己走在成為一個越來越有影響力的領導者的道路上。

用一句話來說就是：「好的人生，也就是你懷著一顆向善的心，簡單地努力，永遠保持自信，生猛往前，在疼痛中成長，追尋生命的意義感。」

最後，願我們都能終身成長，持續精進，找到並保有人生中那些最有價值的東西，在不安的世界裡淡定前行。

Chapter

7

用搜尋力搞定生活中那些令人頭痛的事

搜一下，一切都不用愁。

人真的能找到自己喜歡的專業嗎？

金星淩考上了大學之後，整天唉聲嘆氣。原因是他覺得目前自己所學完全不是自己喜歡的，只因為考試的分數不夠高，聽爸媽的意見填了不喜歡的化學系。在高中的時候，他參加過學校的美術社團，很喜歡畫畫，夢想是將來當畫家，可是這一切，好像都被自己所學的系所給毀了。

我們生活中經常可以看到像金星淩這樣的人。他們天天抱怨，在學校的時候覺得不喜歡所學，工作以後又覺得不喜歡現在的工作。是不是人真的找到一個感興趣的領域，就可以過上自己想要的生活了呢？

我覺得應該警惕這種想法，生活總有讓你不滿意的地方。在大城市，每個人的心中都累積了很多的不滿，這些不滿平時很難找到發洩的管道。

你不會向別人抱怨你有多累，因為那只會被人嘲笑你軟弱；你也不會向別人抱怨你沒錢，因為自尊心可能不允許你這麼做；你也不會瑣瑣碎碎抱怨每天的交通和生活。而當「我不喜歡」這四個字從你心中冒出來的時候，突然找到了可以抱怨的理由。

從心理學角度，人的怨氣並不一定會朝著真正讓你產生怨氣的方向發洩，總是要找一個最容易的出口，這就是情緒表達的最小阻力原則。實際上，正如我們前面的章節所說，喜不喜歡不能成為是否選擇一份工作的標準。

如果你在工作的時候，找到了一個產業的基本規律，會發現所有工作的深層邏輯都是相通的。如果你選擇了一項自己感興趣的工作，可是卻發現自己做得不好，一切都和自己原先想像的不一樣，那麼你還會喜歡這份工作嗎？如果另一項工作你本來沒感覺，後來卻越做越順手，從中獲得了巨大的成就感，你會漸漸喜歡上這項工作的。

想把一項工作做好，不管你從事什麼行業，都要從發現他人的需求出發，去尋找合適的資源解決問題，去做出合理的決策。這是很多工作的深層邏輯，哪怕是像文化產業這樣看似很「虛」的領域也是這樣。

我的合夥人石姐經常告訴我們：「讀者的需求就像是在地下湧動的暗流，我們要在地表上開一個口，讓這種暗流噴湧出來。」憑藉這種能力，她常常和素人作者一起打造出暢銷百萬冊的作品。

她策畫《生活需要儀式感》一書的時候，儘管選題會上有一些編輯表示不解和反對，但她認為隨著人們生活品質的提高，人們對生活的意義越發重視，所以注重儀式感這個選題，一定能讓很多讀者深受觸動。結果這本書一炮而紅，成為二〇一八年十本年度圖書之一，「儀式感」也隨之成為當年最熱的詞彙。

石姐創立圖書公司之前，並沒有從事文化行業的工作經驗。之所以能在這個行業獲得今天的地位，不僅是因為她在語言方面的天賦和造詣，更是因為她對數據的敏感度、強大的邏輯思考能力和對人類情感的洞察能力。以上這些成功的條件，沒有哪一條僅憑興趣就能達到。

所以，不管我們從事什麼行業，都應該先踏踏實實地工作，練好基本功，在練習中發現事物的深層邏輯，才有可能最大程度發揮自己的天賦和實力。給自己多一點時間，該來的一定會來，心存夢想，耐得住時間的考驗，你嚮往的生活早晚都會實現。

之前，有一個男孩到我這裡來面試。他以前是做情感諮詢課程的，在一家公司做了兩年之後，從去年十月開始，他和兩個合夥人一起創業過但失敗了。

我就問他，你既然想做產品經理，對未來的規畫是什麼？你希望三年之後成為一個什麼樣的人？他回答不出來。給我的感覺是，他創業失敗了，想隨便找個地方待著，反正這個行業已經很熟悉了。但我覺得做這個行業那麼久，沒有一點兒自己的定位和思考，如何在公司讓自己成長呢？

另外一個女孩，我面試她的時候，她說對兩性情感領域不熟悉。但是她說，自己很喜歡這個領域，希望在公司長期發展，她覺得自己時間管理的能力很強，效率很高，這些都是她的優勢。她還告訴我，她聽了我們很多檔節目，想要做內容產品策畫人。

反觀那個男孩，我在問他優勢的時候，他說不出來什麼東西。

所以我比較想用哪個人呢？當然是後者。這個女孩雖然沒有經驗，但她為這份工作做了不少功課、付出了努力，而男孩呢，雖然有經驗，卻沒有付出自己的思考和努力，所以我更願意用這個女孩。努力和堅持不僅能展示你謙虛的心態，帶來專業技能上的進步，還能讓別人對你的信任成本降到最低。

「信任成本」這個概念指的是一個陌生人信任另一個陌生人，心理上所付出的最小代價。在商業領域，有很多利用信任成本達成交易的例子。比如老客戶不需要詢價，只需要打個電話，就可以用老價格買到上次購買的商品；再比如社交媒體上推送產品，若別人對你越信任，你的口碑越好，推送的轉化率就越高。

在職場上，當你在某個領域已經努力了很長時間，付出了大量的有效勞動之後，別人就會知道你是可靠的。這種情況下，即使你不出去社交，自然會有人找到你，告訴你他們的需求，到那個時候，你本人就成了資源。

你的那些興趣不妨留給生命中的閒暇時刻，也許能幫你放鬆心情，調整狀態，讓你順利投入第二天的工作和生活中。你如果可以堅持在自己愛好的領域付出勞動，說不定還能帶給你做副業賺錢的機會。

所以說，如果你還沒有把興趣練成一種可以輸出的技能，就先別執著於要把自己感興趣的事變成工作。踏踏實實把手上的工作做好，也許有一天你會透過這項工作實現自己的個人價值，進而發現這項工作的魅力。

求職時，找到適合自己的行業

求職的時候，很多人總覺得找不到想要的工作，或者沒有什麼資源可以利用。其實，大多數時候，資源的優勢並不是最重要的。比資源更重要的是，你願意用更高的思考框架引導自己的工作。因為，這樣才是成長。

什麼叫用一個更高的框架引導實踐呢？其實就是從單點思維到到一個有邏輯的系統思維的轉變，這就是更高的框架。就拿生活來說，首先你要考慮自己，自己的生活是單點，找個伴侶，會變成你和對方兩個人，於是，要基於兩個人的小系統有邏輯思考去選擇，變成兩個人之後，接下來你會考慮孩子，還有雙方的父母家庭，以及背後串聯的整個大家庭。

當你開始意識到這些東西的時候，其實也是一種負責任的表現。你考慮的就是更大的系統，從一個人到一個大家庭，就是一個單點思維到一個邏輯系統的轉變。這是一個人走向生活上的成熟，工作也一樣，從自己一個人做到加入一個人來合作，於是你開始考慮兩個人有邏輯、有系統的配合合作，然後再考慮一個團隊，甚至一個部門，一家公司，最後再考慮一個產業，甚至改變世界，這都是在不斷擁有更高的思考框架系統的過程。

那麼怎樣才是用一個更高層次的框架去指導自己的實踐呢？知道不等於得到，就相當於你明明知道系統思考很重要，但是你偏不那麼做，這其實還是在用低層次認知去指導實踐，稱不上改變和成長。

當你認識到這樣做不好，堅定地與自己的慣性做鬥爭，開始在總結和歸納的基礎上去追求知行合一的時候，其實就是在用更高的框架去引導自己的實踐。

說白了，人與人之間最大的區別，就是實踐中透露的思維方式的不同，尤其在我們的職業生涯當中，當你願意用一個更高的框架去指導自己的實踐，你就上升了一步。

這跟你的職位級別是沒有關係的，能夠往上升的人，一定是站在更高的位置、從更高的角度思考問題，他一定不是只考慮自己眼前單點的事情。

很多優秀的人有一個共同的思維方式，就是總會站在領導者的角度去看待問題，這也是在用更高維度的思維框架去指導自己的實踐。

為什麼美團的創始人王興會說：「大多數人為了回避思考，願意做任何事情。」因為用一個更高的思維框架，去引導個人實踐是個很痛苦的過程，如果非要去這麼做，就不得不去和主管談，要去跟同事針鋒相對，只有痛定思痛，你深刻地感受到這種疼痛感，並用行動去努力克服的時候，你才是真的在用更高的思維框架引導實踐，這才是成長。

對於找工作來說，專業的限制不是最重要的。我給大家提三點建議，希望能幫你們找到心儀的工作：

首先，我們要從一個更高的層次去定義自己的能力，就是這時候你的能力才具有更高的可適性。所謂「可適性」，說的就是你能適應各種各樣的環境，能夠適應更多的職務。你把自己的能力定義得越窄，你能選擇的職務就越窄。

我們一定要用更高的層次看待這些東西。跳出這些所謂的資源優勢，你還要累積你其他方面的優勢。比如一個人的性格、年齡、在專業上累積的深度，都可以是優勢。

其次，在能力累積的層面上，你學習一門專業，這門專業的確構成了你的一個標籤，你可以在這個標籤下不斷累積，往更高的層次邁進。比方你學了醫學，不代表你就只是個拿手術刀的，可能還意味著你對人體構造的瞭解比其他人更深。我是學編輯的，也不代表我就只會單純坐在那裡看稿子。我還需要懂得看數據、要有產品思維、具備戰略眼光等，必須掌握一個內容產品的綜合價值。

最後，就是比較優勢。你和其他人相比，你的優勢是什麼？比如別人做不成的事情，你能做成，那麼你就具有了別人不具備的比較優勢。

比如同樣是做編輯企畫，有些人善於跟人溝通，善於跟人打交道，而有些人能在創意方面有更好的發揮。對自己比較優勢的認知，決定了你未來創造的可能性。

我還主張年輕人在更多發揮自己優點的基礎之上，適度地彌補自己的劣勢。比如在性格層面，有些東西是可變的，有些東西是不變的。你是個性格粗糙的人，還是個嚴謹的人？是一個樂於去和別人打交道的人，還是享受獨自鑽研一樣東西的人？

在你面臨選擇的時候，性格也是非常重要的一樣東西。當然我們並不是說性格絕對不可變。那些性格相對內向的人，也不是說我就只是想獨自一個人待著，就絕對不能跟別人溝通。人的性格都是複雜的，不是這樣非此即彼的，而且性格可以自我修練。人的一輩子，很多時候就是在修正這樣的性格模型。

從這些角度出發，我們在面臨職業選擇的時候，更多的是向內搜尋自己，去進行一場深度的自我認知，再基於自己的核心能力去選擇工作。

面試時如何應對這三個刁鑽問題

問題1：你性格過於內向，恐怕不適合我們這份工作。

回　答：據說，性格內向的人往往專心致志，鍥而不捨。另外我善於傾聽，因為我覺得應該把發言的機會留給別人。

問題2：你的所學和你應徵的職務不相符耶？

回　答：據說，在二十一世紀，最重要的人才就是複合型人才，外行的靈感往往會超越內行，因為他們沒有那麼多的框架。

問題3：你的經歷太單薄了。

回　答：如果我能加入貴公司，我將很快成為社會經歷豐富的人，我希望有這樣一段經歷。

職場中，找到你的偶像

我曾經見過一個頭腦算是比較靈活的編輯，原本在入行的時候，好幾個前輩都很看好他，不過才過了幾年，大家發現這個人平時不努力，下了班只知道吃吃喝喝，所以在同行中一直不好不壞、成績平平。我後來和其他主管討論到這個人，分析他為什麼不努力。

後來，我們一致認為要找到一個有利於成長的對象去比較，也就是說，想要快速成功，最好找到一個你可以模仿借鑑的對象。沒有可以模仿的對象，其實也就沒有進步的動力。

在職場上找到自己的偶像，能帶來的第一點好處，就是你會有一個參照學習的標準。有時候，很多人不是不想努力，而是不明白自己努力的方向是什麼。

比如十年前我入行的時候，聽前東家老闆講產品的廣度與深度，產品的廣度與價格成反比，深度與價格成正比，我就明白要成為他那樣的人，自己也要思考圖書產品的價格規律。對於很多的產品經理來說，要求也是一樣的。你想成為一個好的產品經理，就要多觀察那些最優秀的策畫人是怎麼做的。

我們公司的所有企畫都會留心觀察我的合夥人石姐，她不僅是一位優秀的創業者，而且還是一位頂尖的策畫人。她對大眾心理學有極其深刻的洞察，企畫出的選題總能擊中人們內心深處那些最隱祕的痛點。

有一次，她在看愛默生的文章的時候，偶然看到一句話──「你的善良，應該有點鋒芒」，她馬上意識到這句話可以成為很好的選題，於是就企畫了以這句話為名的同名書，後來這本書果然成了百萬暢銷書。

一位善於學習的產品企畫，可以從她的這一連串動作中，攝取到很多寶貴的經驗，比如看書的時候要多留心，看看是不是有可以挖掘的選題，一旦遇到合適的靈感，要馬上記錄在手機裡；再比如能把書中的句子和對人們常見的心理現象的觀察結合在一起。

因為我們平時接觸比較多，我知道石姐有很強的同理心，這對於她企畫此類選題也起到關鍵作用。有些企畫不像石姐這麼有天分，但是經過學習和模仿，如果能達到她的兩三成水準，那也已經很優秀了。這就是所謂「取法乎上，得乎其中」。

其次，你要明白自己應該選擇什麼樣的模仿對象。以當作者、寫小說這件事來說吧。有些類型的小說，比如商戰小說，必須要有一定的社會閱歷。沒有三四十歲的年紀，想寫這種和社會接軌極其緊密的作品，幾乎是不可能的。

如果你是一位剛剛出道的作家，才十幾歲的年紀，無論做出怎樣的努力，閱讀量有多大，都很難在這個領域寫出好作品。也就是說，你模仿的對象應該和自己有一定的相似性。再比如不同的講師當堂講課，一般會有不同的講課風格。

有的講師性格沉穩，可能講課的時候就會嚴謹一點；有的講師性格飛揚跳脫，可能講課的時候有很強的感染力，但是細節上可能就會粗疏一點。如果你是個性格嚴謹的人，卻偏偏要模仿飛揚跳脫的老師，就很容易在講課的時候沒有自信。實際上，我就見過那種性格內向、講話聲音很低的老師，由於深厚的專業底子，反而吸引住所有的學生，大家都屏氣凝神，大氣不敢出地聽他講課。

選擇一個好的模仿對象，是堅持自己個性、尊重自我的一種方式。

所以說，我們模仿別人，一定要找性格和價值觀都比較接近的人模仿。模仿和自己差異很大的人，不僅可能在長時間裡都收不到成效，而且還有可能降低自己的自信，因而對自己未來的發展產生誤判。

最後，模仿不是一味照搬照抄，而是要透過理解別人的做法，找到別人這樣做的邏輯規律是什麼。就拿日本的7－11來說吧。7－11一開始創立於美國，這種便利商店的好處，是可以透過同一個品牌擴大影響力，再通過標準化的管理經驗和採購管道，提供顧客優質的服務。這種做法也有它的弊端，比如說很多美國的7－11分店，一旦生意興隆，有了自己的客源之後，就開始紛紛脫離連鎖，賺自己的錢去了，這讓7－11總部非常苦惱。

日本的7－11在一開始就設立了一套更好的制度。總部從各個加盟店搜集資訊，根據搜集來的資訊對加盟店的產品品種進行調整。如果分部和總部脫離了聯繫，缺乏專業知識的加盟店就無法獲得最新的產品資訊，自己也不知道進什麼貨更好賣。透過這種改革，日本的7－11獲得了更強的凝聚力，讓加盟店不會輕易脫離組織了。

其實，最好的創新就是像日本的7－11這樣的微創新。一方面，它所模仿的基本做法已經被市場證明是行得通的；另一方面，在借鑑模仿的時候，一些原本出現問題的地方又得到了修正，整個系統的運行效率會更高。

記得一位哲學家說過，成功的最好方法就是觀察走在你前面的人，看看他為什麼領先，學習他的做法。所以，當你在職場中，找到你模仿借鑑的對象，經過堅持不懈的努力，向身邊的人和那些強者學習，你也可以早日成為像他們那樣的人。

國家圖書館出版品預行編目（CIP）資料

精準解答：突破搜尋盲點,解決90%人生難題的思維能力/劉傑輝著. -- 初版. -- 臺北市：今周刊出版社股份有限公司, 2021.07 240面；14.8×21公分. -- (Unique系列；56) ISBN 978-626-7014-01-1(平裝) 1.思維方法 2.成功法 176.4　　110010220

Unique系列 056

精準解答

突破搜尋盲點，解決90%人生難題的思維能力

作　　者　劉傑輝
副總編輯　鍾宜君
行銷經理　胡弘一
行銷主任　彭澤葳
封面設計　林木木
內文排版　菩薩蠻電腦科技有限公司
校　　對　李韻

出 版 者　今周刊出版社股份有限公司
發 行 人　梁永煌
社　　長　謝春滿
副總經理　吳幸芳
副 總 監　陳姵蒨

地　　址　台北市中山區南京東路一段96號8樓
電　　話　886-2-2581-6196
傳　　真　886-2-2531-6438
讀者專線　886-2-2581-6196轉1
劃撥帳號　19865054
戶　　名　今周刊出版社股份有限公司
網　　址　http://www.businesstoday.com.tw

總 經 銷　大和書報股份有限公司
製版印刷　緯峰印刷股份有限公司
初版一刷　2021年7月
定　　價　320元